LES
PRÉTENDUS MOTS
SUMÉRIENS

EMPRUNTÉS

EN ASSYRIEN

PAR

J. HALÉVY

PARIS

ERNEST LEROUX, ÉDITEUR

LIBRAIRE DE LA SOCIÉTÉ ASIATIQUE
DE L'ÉCOLE DES LANGUES ORIENTALES VIVANTES, ETC.

28, RUE BONAPARTE, 28.

1905

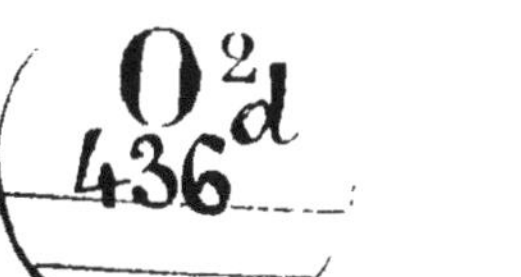

LES

PRÉTENDUS MOTS

SUMÉRIENS

EMPRUNTÉS

EN ASSYRIEN

PAR

J. HALÉVY

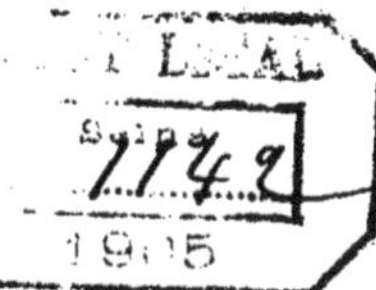

PARIS

ERNEST LEROUX, ÉDITEUR

LIBRAIRE DE LA SOCIÉTÉ ASIATIQUE
DE L'ÉCOLE DES LANGUES ORIENTALES VIVANTES, ETC.

28, Rue Bonaparte, 28.

—

1905

Les Prétendus Mots « sumériens » empruntés en assyrien.

Le hasard amène parfois des coïncidences auxquelles on ne s'attend guère. Pendant que je mettais la dernière main à l'article précédent, consacré à l'examen minutieux de la théorie des emprunts babyloniens dans la littérature judéo-chrétienne de M. Zimmern, il me tombe sous les yeux une thèse doctorale d'un élève de M. Zimmern sur les emprunts des mots « sumériens » en assyro-babylonien. Rien n'est plus opportun. J'ai fait depuis longtemps la remarque que l'imposition presque générale, à coups d'autorité, du sumérisme en Allemagne, a exercé une action délétère sur l'esprit des études orientales de la jeune génération. Comment en serait-il autrement ? Quand les maîtres eux-mêmes professent publiquement, sans hésitation aucune, le dogme historique doublement absurde : d'une part, que le peuple civilisateur de Sumer, qui aurait inventé l'écriture cunéiforme, a abandonné de bonne grâce à ses ennemis sémites non seulement son indépendance politique, mais aussi le soin de cultiver seuls sa langue nationale, sans qu'il en eût laissé une seule ligne de sa propre main ; d'autre part, que les Sémites conquérants ont bénévolement assumé la charge surhumaine de cultiver la langue du peuple ennemi absorbé par lui dès l'époque préhistorique ; quand, dis-je, de pareilles hérésies intellectuelles sont professées en chaire d'université et par des maîtres de haut mérite partout ailleurs, l'enténébrement des jeunes cerveaux des élèves confiants, en fait de logique historique en est la conséquence inévitable. C'est en vain que certains d'entre eux renoncent ostensiblement à la théologie ; sans s'en apercevoir, ils y substituent un mysticisme d'un nouveau genre, le panbabylonisme, d'où le bon sens le plus élémentaire se voit tout aussi radicalement banni. Il y a déjà pas mal de temps que je signale, à mon profond regret, cet état psychique déprimé dans les études d'archéologie comparée depuis le dernier tiers du siècle qui vient de s'écouler. L'examen scientifique rigoureux qui doit constituer la base préliminaire de toute comparaison ethnologique ne

s'impose plus à la conscience des propagateurs de la fausse
théorie, eux qui étaient singulièrement verbeux aux débuts. A
l'instar de certains généraux de salon, ils se font remplacer par
des lieutenants en quête d'avancement, pendant que la campagne bat son plein, et si, par aventure, un succès si futil qu'il
soit est obtenu, le brave général n'hésite pas un seul instant
à s'en attribuer le mérite. Cette fois, c'est M. Zimmern qui dé-
lègue un élève, M. Pontus Leander, pour démolir l'antisumérisme en fournissant une liste de deux cent quarante mots sumériens qui seraient entrés par emprunt dans le lexique assyrien.
Deux cent quarante mots reçus par les Sémites de leurs initia-
teurs scientifiques allophyles pendant plusieurs millénaires de
cohabitation sur le même sol, paraîtront un legs étonnamment
pauvre à tout esprit qui a quelques notions d'histoire linguistique, d'autant plus que le « sumérien » a toujours été cultivé
en Mésopotamie durant toute l'époque historique suivante,
même après la disparition des « Sumériens ». Pour ne fournir
que deux exemples modernes, malgré l'éloignement et la
profonde différence fondamentale de la civilisation anglo-
germanique de celle de la France, les vocables français
embourgeoisés en anglais et en allemand montent au
quadruple et au quintuple de ce nombre. Il n'a même pas
réfléchi que la plupart de ces mots, ne se laissant constater que
dans des œuvres sémitiques de basse époque, peuvent être pui-
sés à des textes « sumériens de moines » composés par des
Sémites et parsemés de leurs créations arbitraires, cas dont il
donne lui-même plusieurs échantillons. Il avait pourtant
devant lui une voie tracée par moi depuis longtemps et qui mène
directement au but, à savoir la recherche si les éléments sémitiques que j'ai signalés dans le syllabaire cunéiforme ré-
pondent à la réalité ou bien sont le produit d'une illusion de
ma part. Au lieu de suivre un procédé méthodique et d'une lim-
pidité parfaite, on suit des voies détournées et pleines de faux-
semblants qui peuvent éblouir un instant et disparaissent à
l'instar des rêves nocturnes quand on les examine sérieusement.
Les commissaires de la thèse, ne possédant que des notions
très sommaires de la marche suivie par la question sumérienne,
après avoir pris connaissance de ces prétendus emprunts,

devaient se dire : Voilà une question résolue, remercions-en le
sagace candidat. En vérité, la question n'a même pas été
posée sur le terrain scientifique ; car l'auteur de cette thèse, loin
de présenter lui-même le moindre argument pour prouver le
caractère linguistique du sumérien, se contente de citer l'avis
que son maître a formulé il y a plus de quinze ans, à un moment
où, de son propre aveu, il n'avait pas encore étudié les bases
les plus importantes du problème, savoir les documents de l'ancienne époque littéraire, antérieure à Gu-de-a et à Sargon Ier.
Jusqu'à présent, il ne semble pas que M. Zimmern y ait décou-
vert un nouvel argument contre l'anti-sumérisme, car son
hypothèse actuelle, professée en commun avec M. Winckler, se
réfugie dans la préhistoire la plus nébuleuse, où, échappant à
tout contrôle, il situe avec une aisance incomparable la vie des
Sumériens et de leur langue encore inaltérée par le mélange
des sémitismes. Cet ingénieux subterfuge me rappelle curieuse-
ment la première notion astronomique que j'ai reçue à propos
du calcul des néoménies (מולדות) : j'ai appris que la première
néoménie eut lieu à l'époque du chaos (בעולם התהו); j'en
étais tout émerveillé et je ne pouvais pas me tenir d'aise. Je vois
que M. P. Leander ressent la même joie devant la déclaration
de M. Zimmern que je reproduis ci-après avec la remarque
introductoire qui la précède :

« La preuve la plus imposante (*den schwerwichtigsten Be-
weis*) de l'existence de la langue sumérienne et du peuple de
Sumer a été formulée ainsi qu'il suit (Bab. Bussps., 5) :
« Même admis que tous les textes royaux et ceux qui sont
pourvus de versions interlinéaires, contiennent de l'assyrien
idéographique, cela ne serait pas encore une preuve de la non-
existence de ladite langue sumérienne. La preuve principale
pour l'existence d'une telle langue est plutôt celle qu'une pareille façon d'écrire idéographique (*eine solche ideogra-
phische Schreibweise*) de l'assyrien comme produit du sémitisme est absolument (*einfach*) inexplicable, et qu'il suppose
plutôt un fonds non sémitique. »
Ainsi écrivit M. Zimmern à un moment où il n'eut qu'une
conception très imparfaite de l'état réel de la littérature de
l'idiome dont je niais la réalité. M. Leander ne tient pas compte

du laps de temps passé depuis que ces paroles ont été prononcées. Il se contente de les commenter : « Que tous les mots considérés maintenant comme sumériens purs (*echt sumerisch*) trouvent leur explication par l'assyrien, que *an* soit tiré de « Anu », *dingir* de « digiru », etc., que des étymologies encore plus impossibles que celles qui ont été présentées jusqu'à présent dans ce but trouvent créance ; un reste demeure qui ne pourra jamais être expliqué par le sémitique, savoir la morphologie sumérienne, qui porte du commencement jusqu'à la fin un caractère tout à fait non sémitique. Cette morphologie est, dans tous les points où elle s'écarte de la morphologie sémitique, le reste pur indubitable de la langue sumérienne ayant jadis vécu. »

N'est-il pas hautement regrettable d'avoir continuellement affaire à des contradicteurs qui, n'étant pas à même d'aborder le problème dans toute son ampleur, préfèrent m'opposer quelques banalités vagues dont j'ai fait justice cinquante fois depuis trente ans ? Un travail de Sisyphe pareil donne une idée bien mélancolique de l'amour de la science dans la jeunesse de notre siècle. Il faut donc que je répète pour la cinquante et unième fois, qu'un système idéographique ne copie jamais servilement la disposition de la langue réelle. L'Allemand écrit par exemple la somme 145 tout aussi bien que le Français 145, mais prononce « ein hundert fünf und vierzig ». Dans la série des chiffres romains, qui sont également des idéogrammes, le nombre 4 est figuré par IV = 5 — 1, et le nombre 6 par 5 + 1, puis 7 par VII = 5 + 2 ; 8 par VIII = 5 + 3 ; 9 par IX = 10 — 1, et cependant dans aucune langue européenne on ne dit « moins un plus cinq » pour « quatre », ni « cinq plus un » pour « six », « cinq plus deux » pour « sept », « cinq plus trois » pour « huit », « moins un plus dix » pour « neuf ». Un système conventionnel comporte précisément de nombreux écarts que la langue réelle ne permettrait point. Par conséquent, ce « reste », sur lequel on insiste tant, ne fournit matière à aucune conclusion linguistique. Par contre, la masse des phénomènes morphologiques et syntaxiques qui pénètrent le sumérien d'un bout à l'autre, offre la preuve irréfragable de son caractère foncièrement sémitique et conventionnel à la fois. Si mon honorable contradicteur n'a pas lu ce qui a été écrit à ce sujet en tous détails, il fera bien d'en prendre connaissance. Cette étude est d'autant plus urgente que, s'il en avait au moins quelques principes préliminaires, il ne se serait pas risqué à écrire les lignes suivantes :

« Il est à espérer (*hoffentlich*) que les assyriologues se soucieront si peu à l'avenir de cette querelle, que les indo-germanistes se soucient aujourd'hui de l'attaque faite, pendant la jeunesse de la science, contre l'existence de l'avestique et du sanscrit. »

Trop d'illusions, monsieur le débutant; quand vous aurez contribué à l'assyriologie la dixième partie de ce qu'ont fait pour elle des spécialistes comme Guyard, Pognon, Jeremias, Thureau-Dangin, M. Jastrow et d'autres encore, voire même Delitzsch, au moins temporairement, sans compter le *père* de l'antisumérisme, à qui personne n'a jamais renié les connaissances du sémitisme, y compris l'assyriologie, alors il reconnaîtra lui-même la légèreté de sa comparaison. La question sumérienne forme déjà aujourd'hui une notable bibliothèque de milliers de pages dans lesquelles des centaines de problèmes sont débattus par des arguments scientifiques; quels sont les travaux consacrés à la négation de l'avestique et du sanscrit? Deux ou trois pamphlets superficiels disparus, aussitôt après leur apparition. On supporte déjà difficilement le dédain de la part d'un maître; à un débutant irrespectueux, ces savants recommanderont d'aller chercher son mouchoir et, au besoin, ils lui accéléreront la marche en dessinant un geste *rétroactif*.

L'auteur est cependant beaucoup plus modeste dans les réponses qu'il cherche à donner aux trois questions suivantes, que ses lecteurs ne manqueraient pas de lui poser, mais ces réponses ne consistent qu'en cercles vicieux, où la logique rigoureuse est étranglée par une foule d'assertions audacieuses empruntées invariablement à ses prédécesseurs en sumérisme.

Première question : Comment le sumérien a-t-il été transmis aux Sémites qui parlaient une langue toute différente? Cette question, qui prime toutes les autres, n'est pas même abordée et pour cause. Elle est détournée dans le sens mesquin et préjudiciel de : « Pourquoi le sumérien nous est-il parvenu dans un état corrompu ? » La réponse porte : « Que la langue sumérienne a dû nous être transmise sous une forme qui rappelle en quelque sorte le *latin des moines* (*Mönchslatein*), est facile à comprendre quand on considère les circonstances défavorables au milieu desquelles sa transmission s'est effectuée (*vor sich gegangen ist*). Précisément, de la manière que cela est ici arrivé, une langue morte *doit* être traitée et malmenée au degré du développement philologique des prêtres babyloniens. Les différences syntaxiques sont biffées presque complètement (*so gut wie vollständig ausgemerzt*) ; le lexique, par défaut de mémoire, est complété par sa propre langue, mais la morphologie sort relativement indemne de la dévastation. »

A défaut du Saint-Esprit aux langues de feu, je vouerais volontiers un cierge à l'ange polyglotte du Joseph rabbinique, s'il voulait bien m'expliquer le sens de l'alinéa précédent.

Sur quoi se fonde-t-on pour affirmer que le sumérien nous est parvenu dans un état détérioré ? Cette idée ne se présente à l'esprit que comme suite de l'observation que la littérature antérieure à l'influence sémitique montre une rédaction différente de celle qui caractérise les documents postérieurs ; or, des documents présémitiques n'existent absolument pas. Tout ce qu'on peut dire, c'est que les éléments phonétiques prennent plus d'extension à mesure qu'on s'éloigne de la haute antiquité ; c'est une affaire de mode et de goût qui n'a aucun caractère linguistique. Par contre, les textes tardifs sont pourvus d'un grand nombre de préfixes et de suffixes idéographiques inconnus aux anciens textes et qui rendent parfois la phrase plus claire. Pertes et compensations se balancent à peu près, mais il n'y a pas de corruption lexicographique issue de l'usure organique des vocables.

En ce qui concerne la syntaxe sumérienne, j'ai le plaisir de constater que M. Leander s'est déjà émancipé de l'opinion adverse qui attribue la syntaxe sémitique à l'influence des Sumériens. Ma protestation a donc fait quelque impression. Je m'en félicite. Mais comment sait-il que le sumérien, s'il a existé, n'a jamais eu une autre syntaxe ?

Puis, que signifie la comparaison banale avec le latin des moines ? L'auteur peut-il citer des désinences latines inventées

par les moines du moyen âge ? En sumérien tardif, ces sortes
de désinences nouvelles pullulent à chaque ligne, et cependant
elles n'ont le plus souvent aucune affinité avec les désinences
sémitiques. D'où donc peuvent-elles venir? Nous le dira-t-on?
S'il s'agit d'un système artificiel, l'énigme est résolue d'avance.

Un vrai bijou de postulat est le *développement philologique
des prêtres babyloniens*, dont l'idée saugrenue est capable de
faire éclater de rire tous les compagnons de l'infernal Nergal,
qui n'ont su que bâiller jusqu'à présent autour des couches
vides de la section sumérienne. Les Grecs, les Latins et les
Indiens ne se sont occupés de questions grammaticales qu'aux
environs de l'époque alexandrine au plus haut terme ; les Sémites
babyloniens auraient déjà eu, à l'époque préhistorique, des col-
lèges de prêtres en possession d'une philologie assez développée
pour qu'elle ait pu se transmettre sans interruption aux centaines
des générations futures ! Et, ô miracle incomparable, tandis
que Grecs, Latins et Indiens se sont bornés à l'étude de leur
propre langue, les philologues babyloniens, dédaignant leur
langue maternelle, ont consacré tout leur temps et toutes leurs
facultés intellectuelles pour recueillir et pour conserver à la pos-
térité les restes d'une langue *étrangère* prise de la bouche d'un
peuple *ennemi* frappé de phtisie galopante, et qui, tout en
ayant inventé l'écriture, n'a jamais essayé de mettre par écrit
une seule ligne, ni avant, ni après l'invasion sémitique ! Si
l'érudition *doit* (le mot est du contradicteur) conduire à un non-
sens aussi colossal, il faudrait renvoyer l'érudition à tous les
diables sans regarder en arrière.

Qu'on nous dise au moins quel profit les docteurs sémites
ont pu tirer de ce travail surhumain qui a exigé plus d'un
demi-million de gloses (Oppert) pour fixer les lectures et les significations possibles des signes sumériens, pendant qu'ils
ne cessaient de composer en même temps des documents en
leur propre langue et en attribuant à ces mêmes signes des
valeurs peu nombreuses !

Mais, sainte idiotie impassible ! est-ce trop de demander
comment les clercs sémites ont pu caser dans leur cerveau *ce demi-
million de valeurs si disparates reçu par la voie orale*, de façon
à *créer* des myriades de documents dont presque aucun mot ne

se lit comme il est écrit? Sans un don de divination linguistique extramondiale, une pareille acquisition demeure inimaginable, mais plus inimaginable serait encore leur pédantisme écœurant de substituer en contrebande leurs compositions truquées aux anciennes formes oubliées et, pour cacher la fraude, de faire lire ces compositions autrement qu'elles ne sont écrites. Ont-ils donc craint de profaner le sumérien en y introduisant quelques mots de leur langue sémitique? Ni les moines du moyen âge, ni les scribes juifs postbibliques n'ont fait la preuve de scrupules aussi stupides.

A la *forte* argumentation que nous venons de discuter, il ne *doit* pas manquer une conclusion archéologique digne d'elle. Écoutons-la :

« Le peuple qui a parlé cette langue — les nommés Sumériens — se révèle (*verrät sich*) déjà par cela même qu'il a légué, après avoir fini de mourir (*nach seinem Austerben*), à ses successeurs sémitiques, cette langue, en qualité d'une langue savante et sacrée, comme leur instructeur et maître dans les choses cultuelles, comme — autant que nous puissions regarder en arrière — l'initiateur (*der Urheber*) de la civilisation babylonienne. »

Cercle vicieux dans toute sa splendeur. Première affirmation : Les Sumériens ont *légué* leur langue aux Sémites. Seconde affirmation : Les Sémites l'ont accueillie avec enthousiasme et ont juré de ne jamais l'abandonner. Troisième affirmation : Donc, les Sémites doivent toute leur civilisation aux Sumériens.

Un fait de psychologie ethnique bien renversant : Les Sémites sont reconnaissants envers leurs anciens maîtres, tandis que les Grecs et les Indiens traitaient les leurs de barbares et d'ennemis (*dâsa, dâsyu*) ou de païens (*mlêcchas*); n'est-ce pas frapper au cœur certains doctrinaires modernes?

Ajoutons que M. Leander a prudemment omis la *littérature* et ne parle que de la langue léguée, et cela lui suffit. Pourtant les Arméniens actuels écrivent des ouvrages tantôt en turc, tantôt en russe, idiomes qu'ils parlent même dans leurs familles ; s'ensuit-il que leurs civilisateurs étaient des Turcs ou des Russes?

Arrêtons-nous au dernier point concernant la date à laquelle peut remonter la civilisation sumérienne. Fidèle au système de son maître, M. Leander fait de notables concessions à mes réclamations, naturellement sans le dire expressément. Il est si commode de s'emparer des résultats obtenus par les autres et de s'en faire un piédestal devant un public qui se désintéresse généralement des peines qu'ils ont coûtées pour forcer les adversaires à les reconnaître :

« Combien loin en arrière dans l'antiquité (*wie weit zurück in die Vorzeit*) devons-nous reléguer la période florissante de ce peuple-là et de sa culture? cela ne se laisse pas calculer provisoirement. Car même les plus anciennes inscriptions montrent notoirement, bien qu'elles contiennent un relativement bon sumérien, une influence si forte de la part du sémitique, que nous pouvons affirmer avec assurance leur provenance d'auteurs parlant sémitique. Sur l'époque où le rapport entre les Sumériens et les Sémites a pu commencer, on ne peut dire qu'il doit être placé avant la scission dialectale du sumérien. »

Ainsi, Sumer et Sem, à l'instar des Gémeaux zodiacaux, se sont toujours fait des risettes dans l'antiquité nébuleuse. Quoiqu'ils fussent doués chacun d'une langue et d'une mythologie très différentes, ainsi que d'ardentes ambitions de prédominance comme les autres peuples de la terre, ils n'ont jamais cessé de vivre fraternellement ensemble. Mais si Sem était matériellement le plus fort, Sumer lui était supérieur en civilisation, surtout pendant son époque florissante; mais, par une décision du destin, Sumer mourut bientôt après par une rupture d'anévrisme, et tout l'héritage passa tranquillement à Sem qui conserva la langue *polydialectale* de son initiateur regretté, en reconnaissance de ce qu'il a fait pour lui!

Le roman préhistorique est complet; le non-sens aussi.

Je me rappelle pourtant que M. Bertin donna jadis un tour inverse au roman, dont voici à peu près le résumé :

« Les Sémites habitaient toujours la Babylonie, où ils eurent une période florissante pendant laquelle ils inventèrent toute la civilisation matérielle et intellectuelle. Vers la fin de cette période préhistorique arrivèrent les Sumériens allophyles. Vivant dans une intimité imperturbable, les deux peuples inventèrent ensemble le syllabaire cunéiforme qui porte un caractère composite, et convinrent entre eux que dorénavant les deux langues seront officiellement employées dans les documents publics. »

C'est encore une fiction historique, mais elle a du moins l'avantage de faire disparaître une foule d'hypothèses monstrueuses qui encombrent le roman pansumériste.

II

Passons maintenant à l'examen de la série des mots sumériens prétendument empruntés en assyrien, dont l'exposé forme la première partie de la thèse doctorale.

Nous aurons peu à dire de la méthode suivie par l'auteur; elle emboîte le pas des autres suméristes qui, confondant volontiers prémisse et conséquence, escomptent dans l'introduction le résultat présumé des preuves qu'ils n'ont pas encore fournies. Nous n'avons donc qu'à faire connaître le procédé qu'il met en usage, pour décider si un mot constaté dans les textes cunéiformes est réellement assyrien ou bien un vocable assyrien adopté. Voici un résumé substantiel :

1. Quand le mot sumérien ressemble au mot correspondant en assyrien, et que celui-ci s'explique par les autres langues sémitiques, il faut rechercher si les mots sémitiques sont ou ne sont pas empruntés à l'assyrien; s'ils ne le sont pas, le mot sumérien est d'origine assyrienne, mis par les scribes qui ont oublié l'ancien mot allophyle, à moins que la coïncidence ne soit un jeu du hasard.

2. Quand, au contraire, le mot assyrien manque de parents dans les autres langues sémitiques, ou a seulement des parents qui s'expliquent le mieux comme empruntés à l'assyrien, on doit examiner le secours qui nous est offert par le sumérien.

3. Il faut d'abord rechercher s'il y a une étymologie sumérienne. Malgré la difficulté de la tâche venant de la confusion régnante des syllabaires (?) et l'insuffisance des scribes (!), il faut en découvrir le sens.

4. Si une étymologie sumérienne claire ne réussit pas, il faut voir si le mot assyrien n'a pas une forme qui ne concorde

pas avec la construction (*Bau*) de cette langue, car ces formes anormales indiquent une origine étrangère, partant sumérienne (?).

5. Les mots qui désignent des objets qu'on peut (!) présumer être dus à la culture sumérienne de préférence (?) à celle des Assyriens, peuvent en première ligne (!) être suspects de sumérisme, mais la chose reste néanmoins douteuse.

6. Un groupe de mots sumériens a passé en assyrien après la mort de l'idiome allophyle, mais ces mots restèrent peu usités. Ils se trouvent seulement dans les syllabaires ou ont une physionomie plus rapprochée du mot sumérien que l'ancien dérivé (?) assyrien.

Ces principes ne diffèrent que fort peu de ceux établis contre l'antisumérisme par M. Lehmann et que j'ai repoussés quelques jours après. L'idée de faire venir de l'Assyrie des mots élémentaires qui se trouvent dans les idiomes sémitiques éloignés dans le but de pouvoir les attribuer au sumérien, rappelle la manie de quelques aryanistes de déclarer les mots grecs ou latins comme dérivés directs du sanscrit. Aucun compte n'est tenu du fait, pourtant très avéré, que chaque langue sémitique possède des mots qui lui sont propres, et que l'assyrien montre lui aussi le même phénomène. Pour proclamer un mot d'origine sumérienne, on n'exige pas le témoignage d'une langue apparentée. Enfin, tenir un mot pour peu usité parce qu'on ne le rencontre que dans les syllabaires, c'est méconnaître la réalité des choses : ce sont les textes officiels qui emploient une langue stéréotypée et conventionnelle; les syllabaires, au contraire, composés à l'usage des hommes du peuple et des commençants, se servent dans leurs gloses d'expressions populaires très courantes. On le verra d'ailleurs plus clairement dans l'examen du détail.

Si, avec ce laissez-passer commode, l'auteur n'a pu trouver que le nombre exigu de deux cent quarante mots sumériens adoptés par les Sémites au cours de six à sept mille ans d'usage continuel de cet idiome étrange, l'influence du sumérisme apparaît déjà fort peu brillante. Les remarques qui suivent achèveront d'en démontrer la parfaite nullité. Par un instinct de bon sens naturel, l'auteur prépare d'ailleurs le plus

amer déboire aux suméristes et la ruine totale de sa thèse
doctorale. De ce nombre exigu de deux cent quarante emprunts, il ne considère comme certains que — voilez-vous,
amis suméristes ! — cent trente-six. Dans de telles conditions,
un esprit qui sait les inconvénients de l'emballement, aurait
arrêté sa course inconsidérée, mais le parti pris traditionnel ren-
forcé par le désir, en soi très légitime, d'abattre d'un seul
coup l'hydre antisumérienne, lui ont dérobé la vue des obs·
tacles scientifiques qui lui barraient la route, et l'illusion aidant,
il croit peut-être les avoir réellement surmontés. Peut-être
s'imagine-t-il même que la distinction entre le sûr et le moins
sûr contribuera à donner à son résultat principal le caractère
nécessaire de solidité. S'il en est ainsi, qu'il se détrompe,
elle ouvrira immanquablement les yeux des plus aveuglés sur
la futilité du système allophyle qui, né à l'époque de la *djâ-
hiliya* assyriologique, n'a survécu jusqu'à ce jour que grâce à
cette expérience historique qu'il est mille fois plus facile de
découvrir dix vérités que d'extirper une seule erreur.

A) LES PRÉTENDUS CAS CERTAINS

1. « Abgal, NVN-ME, NVN-GAL $=$ *ab(p)gallu, ab(p)kallu*
$=$ weiser Mann (un sage) ; *ab*, NVNV, weise (sage) $+$ gal,
GAL $=$ *rabû*, gross (grand). » — Faux : 1° NVN ne se lit pas *ab*,
ni ME, gal ; il vient de l'as. *nunu*, « poisson », prim. « gros
poisson, cétacé » (cf. l'arabe et la racine héb. נון, « être grand,
célèbre ») ; 2° l'as. a *k* et non ג ; 3° GAL est l'as. *gallu, gallatu*
(cf. ar. *galil*, « grand », héb. גל, « monceau, onde soule-
vée » ; 4° *apkallu* (aram. אפכלא) vient de *pakâlu*, « être grand,
fort », d'où *paklu*, « grand, fort ».

2. « *Abulmah*, KÁ-GAL-MAH, *abulmahu* $=$ grosses Stadtthor (grande porte de ville). *Abul*, KÁ-GAL $=$ *abullu*, Stadtthor
(porte de ville) $+$ mah MAH, *rabû*, gross (grand, gros). » —
Faux : 1° Au lieu de *abullu*, il devait y avoir *kagallu* ; 2° *Abullu*
(aram. אבילא) vient de *abâlu*, « mener, conduire », racine יבל,
ובל ; 3° Mah, MAH $=$ *mahhu, mahu*, « grand, élevé, haut » ;
cf. *muhhu*, « sommet, grandeur, élévation », *muh*, « sur, au-

dessus de ». Cf. sém. מֹחַ, « crâne, cerveau » ; 4° Pour la composition, comparer syr. *gênśya* = *gêd-našya*, « veine sciatique »
(h. *gîd hannâsé*) et éth. *ĕgziabḫêr* = *ĕgzia-bĕḫêr*, « maître
du monde, Dieu ».

3. « Abzu, ZV-AB = *apsû*, Ozean (océan), Süsswasser (eaux
douces). Die Erklärung der Babylonier, *bît nimêqi*, Haus der
Weisheit (maison de la science) leuchtet wenig ein. Es steckt
in diesem Worte ohne Zweifel dasselbe ab wie in ab AB und
a abba, A ABBA, bedeutet *tâmtu* Meer (mer). » — Faux : 1° *Apsû*
est un dérivé de אַפֶּס, « fin, extrémité », phén. 'Απασιόν ;
2° ZV-AB = as. *zuabu*, « fleuve, océan » (de זוּב, couler »,
cf. le nom du Ζαϐος, *Zâb* ; mand. זאבא, « fleuve »); 3° La
prétention de savoir mieux que les scribes babyloniens est
une simple jactance ; « maison de sagesse » offre l'explication
exacte des idéogrammes AB, AP, « maison », au propre « ca-
vité » ; cf. h. *êphâ*, « mesure de capacité », et ZV, « savoir,
sagesse », à comparer peut-être éth. *zawĕ*ᶜ*a* (au bon sens),
« méditer avec soin » (héb. הגה) ; l'Océan est exprimé idéo-
graphiquement par « maison de sagesse », par allusion à Éa,
dieu de l'Océan et le plus sage des dieux.

4. « Adagur, A-DA-GVR = *adaguru*, « ein kurzer Topf (un
pot bas) » ; GVR = *šakiru*, « vase ». — Non ! *Adaguru* se
compose vraisemblablement de deux noms de mesure assyriens : *adu* et *guru*, dont l'explication reste encore à donner.

5. « *Agallatilla*, A-GAL-LA-TI-LA = *aga*-NV-*tillû*, d. h., da
NV = lâ, *agalatillû* = *Wassersucht* (hydropisie). A Wasser
(eau), GAL, gross, LA, augment, tilla, TIL-LA = *quttû*, beenden,
den Garaus machen? (achever, porter le dernier coup). » —
Faux : 1° *Agalatillû* est du pur assyrien : *agu*, synonyme de
riksu, « attache, lien, bande, bandeau » + lâ, « non », *tillû*,
« périssable » (חלף); 2° La présence de la négation as. LA =
lâ, dans l'idéogramme, en assure l'origine sémitique.

6. « Agubba, A-LI-BA = *agubbû*, *egubbû* = reines Wasser
(eau pure), Reinigungsfäss (vase à purification) = A *me* (eau)
+ gub LI *ellu*, rein (pur). » — Faux : 1° « Eau pure » ne peut pas
désigner à lui seul un vase ; c'est l'indice DVK qui le marque
dans les textes ; 2° Si emprunt il y avait, il devait être *duka-*

gubbû ; 3° La variante *egubbû* montre que l'idéogramme A, « eau », n'y est pas ; quant à E, il ne signifie jamais « eau » ; racine réelle : אגב, אקב ou אגף, אקף, etc.

7. « *Alhabba*, IŞ SA AL-HAB-BA, Getreidesack (sac à blé) ; al AL, *allu*, Sack (sac) + hab, HAB = ?. » — L'auteur ne décide pas si l'assonance de AL avec *allû* est due au hasard ou bien si AL est d'origine sémitique. Par cette concession, il a déjà un pied dans l'antisumérisme ; car AL constitue un élément fondamental du syllabaire cunéiforme ; AL, *allû*, signifie « chaîne » ou « objet tressé en forme de chaînes, de maille ou de réseau ». Du reste, le sens exact de *alluhappu* demeure incertain.

8. « An, AN = (*ilu*) *Anu*, Himmel (ciel) Gott. » — Faux : Le sémitisme de *anu*, « Dieu suprême du ciel », est garanti par l'abstrait *anûtu*, « divinité » (comp. *ilûtu*), et par le féminin *anatu*, sém. עֲנָת, avec le ע caractéristique de l'ancien sémitisme.

9. « Anag, DVK ANAG = *anaqqû* ein Gefäss : A *mû*, Wasser (eau) + nag, NAG = *šatû*, trinken (boire). » — Faux : 1° *anaqqû* (comp. h. *gemallîm* de *gamal*) a pour racine אנק (sém. ינק), « sucer, absorber ». L'idéogramme NAG, « boire », est tiré de *anaqqû*.

10. « Anagmah, A-NAG-MAH, *anaqmahhû*, « grand vase, *anaqqu*. » Voyez 9 et 2.

11. « Antalu, AN-TA-LV́, *attalu*, *atalu*, Sonnenfinsternis (éclipse du soleil) : ANTA = eliš oben (en haut) + LV́ *adâru*, verfinstert werden (s'obscurcir). » — Faux : *Atalû* a pour origine la racine אחל = sémitique עמל (arabe), « manquer » (ici sous-entendu « de lumière »). Le syriaque *athalya*, « éclipse du soleil », est sans doute emprunté à l'assyrien[1].

12. « Antasurra, AN-TA-SVR-RA, *antas(š)urrû*, gewalting strahlend (puissamment rayonnant) : AN-TA, hoch (hautement) + sur, SVR, *sarâru*, strahlen, « rayonner, resplendir ». — Faux : SVR est tiré de *sarâru*, *zarâru*, « briller » ; AN-TA, « en haut », ne suffit pas pour désigner le soleil ; son origine doit encore être cherchée.

---

1. Comparez cependant éth. *ta'antala* et *taantaltala*, « être dans un état difficile, pénible ».

13. « Anunnage, AN-A-NVN-NA-KID (ENE), AN-A-NVN-NA-GA-E-NE (*ilu*) *anunnaki, anunnaku* : A wasser (eau) + NVNNA, gross (grand, gros) + ge KID, zugehörigkeits-suffixe (suffixe d'appartenance). » —Faux : 1° Le mot assyrien devait conserver le *an* initial qui signifie « dieu », car « grande-eau-de » ne dit rien à l'esprit ; 2° *An* retiré, le suffixe d'appartenance *ge* n'a plus aucune raison d'être. L'analyse présentée est donc un calembour recherché, et *anunnaku* (ou *ki*) doit être le type de l'idéogramme d'ailleurs tout sémitique ; ce mot doit signifier « les anun (gardiens ?) de la région terrestre » (*ki, ku*).

14. « Asur, ASVR, A-SIR-RA, *as(š)urraku*, Grund des Fluss-bettes (fond du lit du fleuve) : A-SVR, *şarâru*, gleiten, fliessen ? (glisser, couler ?), *kku*, suffixe d'appartenance. » — Faux : 1° « Eau coulante de », ridiculement ambigu, est vide de sens ; 2° Le suffixe assyrien *aku, akku*, se retrouve dans *uddaku = uddeš*, « au matin », et dans quelques autres mots ; 3° Le « sumérien » ne montrant que les deux syllabes A-SVR est certainement tiré du mot plus long *asurrakku*, tandis que la dérivation inverse est impossible ; ce mot se ramène vraisemblablement à une racine sémitique אסר, אצר ou עצר.

15. « Azu, A-ZV, *asû*, « médecin » : A, « eau » + ZV, « connaître ». — Faux : « Connaisseur d'eau » pour « médecin » n'est même pas employé chez les sauvages ; 2° A-ZV ne forme jamais de verbe, tandis qu'en araméen *asu* signifie « guérir » ; 3° Sabéen אמֹי, « aider ».

16. « Azugal, A-ZV-GAL = *azugallatu*, grosse Ærztin (grande guérisseuse) = A-ZV + GAL, *azugallûtu*, Grossarztschaft (fonction de grand médecin). » Tous les éléments sont des termes sémitiques indubitables. Voir nᵒˢ 15 et 5.

17. « Bar(a)mah, BÁR-MAH = *parammahu, barmahhu, barmahu*, Götterwohnung (demeure divine) : BAR(A) = *parakku*, Götterwohnung (demeure divine) + mah, MAH, gross, *şîru* (grand, sublime). » — Faux : l'idéogramme BÁR est abrégé de *parakku, barakku*, « construction », de *parâku*, « construire » ; cf. h. פֶּרֶךְ, « travail dur » ; le *m* double dans *parammahu* vient de l'assimilation du *k, parakmahhu*. Pour l'effacement

de la voyelle finale du premier élément, comparez *zirbanîtu*, « génératrice » $=$ *zêru* $+$ *banîtu*.

18. « Bur, BVR $=$ *puru*, « Stein (pierre). » — Faux : *puru* est l'hébreu פּוּר, « sort, petite pierre »; cf. גּוֹרָל, « sort », primitivement (arabe) « petite pierre », en araméen פרא, « pierre menue », פוּרהא, « peu ».

19. « Burgul, BVR-GVL $=$ *purqullu, parqullu* $=$ Steinarbei-ter (ouvrier en pierres). » — Faux : GVL, « couper, tailler, dé-truire », est tiré de *aqqullu*, « instrument pour tailler les pierres »; cf. l'arabe *nagala*, « écorcher, excorier, ôter la peau, maltraiter »; le sémitique נקל, « faire changer de place, transporter, transférer (arabe), lever des pierres (sy-riaque), arracher, extirper (éthiopien) », repose sur la concep-tion générale de « détacher ».

20. « Burmaḫ, BVR-MAH, *b(p)urmaḫ* $=$ ein grosse B(p)uru Gefäss (un grand vase *puru*). » — Faux : PVR, *puru* seul signifie « pierre »; c'est DVK, *duk*, qui ajoute l'idée de vase; le sémi-tisme des deux composés, voyez n°ˢ 18 et 2.

21. « Burzigal, BVR-ZI-GAL, *purzigallu* $=$ ein Gefäss aus Ton oder Stein (un vase d'argile ou de pierre). » — Faux : les deux éléments extrêmes sont sémitiques; le sens de ZI est en-core inconnu.

22. « Damkina, DAM-KI-NA, (*ilu*) *Damqina* : DAM-*aššatu*, Gemahlin (épouse, femme), KI, *šaplu* (le bas, la terre), NA, *na*. » —Faux : DAM figure l'idée de conjoint en général; racine דמי, « ressembler », *qin(a)* peut venir de *qinû*, « eau pro-duisant des roseaux, marais, étang ». En qualité d'épouse d'Okéanos, cette épithète n'étonnerait pas. Mais il est encore possible de voir dans *Damqîn* un nom propre formé de *Dam-qinîtu*, « la pure, la bonne, la douce », de *dam(i)qu*, « pur, bon, doux ». Pour la forme, comparez *rîmînîtu*, « compatis-sante, miséricordieuse, aimante ».

23. « Damu, dumu, TVR, *damu, dumu*, Sohn (fils). » — Faux : les lectures de l'idéogramme TVR sont des mots assy-riens qui viennent de דמי, « ressembler », le fils est populai-rement considéré comme l'image du père; cf. Genèse, v, 3. Comparez aussi *bêl damê*, « proches parents ».

24. « Dar, DAR = *darru* = Huhn (poule). » — Faux : DAR vient de *darru;* cf. ar. *durrî*, « coq de bruyère », ainsi nommé à cause de son plumage perlé (*durr;* cf. al. Perlhahn); éth. *doro, dorho*, « coq, poule ».

25. « Darlugal, KV-KV-RA-NV-HV, *darlugallu*, Hahn (coq). » — Faux : la lecture *darlugal* ne peut être dérivée de l'idéogramme qui s'épelle DVR-DVR-RA-NU, mais du mot réel *darlugallu*. Comme phonème de « roi », *lugal* se compose de *lû* (contracté de *li'u*), « fort, homme » (cf. h. *geber*, aram. *gabrâ*) et *gallu*, « grand »; en araméen et en mišnaïtique, ce mot s'est corrompu en *tarnegol, tarnagla, tarnugla* (Delitzsch).

26. « Dikudgal, DI-KUD-GAL, *dikudgallu*, Oberrichter (juge suprême); DI-QUD = *daiânu*, Richter (juge) + GAL gross (grand). » — La lecture demande confirmation; d'autres transcrivent *di-tar*; en tout cas, DI est abrégé de *din(u)*, sém. *dîn*. L'explication du second composé TAR ou KVD doit être réservée.

27. « D(t)imgal, DIM-GAL, *d(t)imgallu*, Baumeister (architecte). » — Faux : sans être précédé de LV, *amel* (homme), ce composé signifie « grand édifice, élancé comme un pilier », *dim*, phonème de *dimmu*, « pilier, perche ».

28. « Dingir, AN, *digîru*, Gott (dieu). » — Faux : la lecture de l'idéogramme part du mot réel; racine דגר à la forme d'agent pour *dagârû*; le sens exact de ce verbe n'est pas encore déterminé.

29. « Dub, DVB, DVP, *duppu*, Tontafel (tablette d'argile). » — Faux : *duppu*, comme *dappu*, est d'origine sémitique, témoin l'indifférence de la voyelle : h. post. *daph*, aram. *dappâ*, « planche, page ».

30. « Dubgal, DVB-GAL, *dupgallu*, « grande tablette. » — Faux : éléments assyriens.

34. « Dubsar, DVB-SAR + *tupšarru*, Tafelschreiber (scribe de tablette); dub, DVB, *duppu* + sar, ŠAR, *šaṭâru*, « écrire ». — Faux : ŠAR vient de שׂור, « tracer des lignes, former des rangées » (voir n° 90). Pour *tupšarru*, il faut encore tenir la question ouverte s'il ne répond pas réellement à l'arabe *tafsir* (r. פשר), « homme d'explication ». Cependant, la première

— 18 —

dérivation paraît plus vraisemblable. L'hébreu טִפְסָר est
emprunté à l'assyrien, avec modification de dentale.

32. « Durgar, KV-GAR, *durgarû*, Thron (trône); dur, KV
aśubu (être assis) + gar, GAR, *śikittu*, Gestell (tréteau). » —
Faux : le sémitique דּוּר = יֹשֵׁב, « siéger, rester, demeurer » ;
gar, GAR, vient de *agarru*, « esclave loué pour un travail » ; de là, « travailler et travail, œuvre, chose faite (*śikittu*
pour *śikintu*); le complexe signifie donc « siège de travail,
siège fabriqué ».

33. « Durmah, KV-MAH, *durmahu* (homme de), « sublime
séjour, titre royal » ; cf. ar. *dâr* ou *bâb el-°âlia*, « sublime
porte ».

34. « Edamu, edumu, È-TVR, *edamukku*, *edumukku* : E
bîtu, Haus (maison + damu, dumu, TVR, *mâru*, Sohn (fils). »
— Faux : E rappelle l'arabe *awi*, d'où *maawi*, « refuge, asile,
demeure », et l'hébreu אִי, « île ». Pour *dumu*, *damu* et le
suffixe assyrien *ku*, voyez nᵒˢ 23 et 14.

35. « Êgal, È-GAL, *êkallu* = Pallast (palais); e È, *bîtu*,
Haus (maison) + gal, GAL, *rabû*, gross (grand). » — Faux :
êkallu s'écrit avec le signe *kal* et non pas avec *gal* = *rabû* ;
2° Le correspondant sémitique הֵיכָל à un ה initial qui, absent
de la graphie cunéiforme, prouve indubitablement que les Assyro-Babyloniens l'ont emprunté aux Sémites de l'ouest;
3° *Haykâl*, analogue à l'araméen *haymân*, montre que le *yod*
vient d'un א radical, הַאֲכַל; 4° En éthiopien, אכל signifie
contenir en abondance, à plénitude ; *akal*, « gros objet, grandeur, grosseur, masse, etc. », de même en arabe, où *haykâl*
désigne également un édifice massif, un gros cheval, etc. Il
est probable que, comme d'autres termes architecturaux,
êkallu provient du pays des Hatti, c'est-à-dire de la Syro-
Phénicie.

36. « Êkur, È-KVR, *êkurru*, Heiligtum (sanctuaire) : È,
Haus (maison) + kur, KVR, *śadu*, Berg (montagne). » — Faux :
1° KVR désigne à la fois « montagne », « vallée » et « pays »
en général, ce qui lui assure le caractère idéographique ;
2° Ce caractère est confirmé par ses autres significations :

« orient » et « seigneur », qui sont propres au mot assyrien *šadû* (Del., Hand., 642 *b*-643 *a*). Le sens exact de *kurru* reste à trouver[1].

37. « Emesal, E-ME-SAL, *ummisallu*, Busspalm (psaume de pénitence) : E-ME, *lišânu* (langue) + SAL? » — Faux : 1° *Ummu*, « mère », généralement sémitique, ne saurait venir de E-ME; 2° SAL signifie ordinairement « serve, femme » (de *salatu*, même sens) et ne convient pas ici[2]. Probablement *ummisallu* ou plutôt *ummiṣallu* signifie simplement « mères » (= modèles) de prières »[3]; E-ME-SAL désigne en même temps le style idéophonique particulier aux psaumes assyriens, qui diffère sur certains détails du style ordinaire. La fantaisie seule en a fait un dialecte néo-sumérien.

38. « Emetuk, E-ME-TVG. *emetukû*, Zungenmensch, Verleumder (homme de langue, calomniateur) : E-ME, *lišânu* (langue) + TVG, *išû*, « avoir. » — Faux : 1° « Homme de langue » pour « calomniateur » constitue un idiotisme également propre à l'hébreu : *îš lâšon*, *baʿal lašon*, et n'a pas cet emploi en dehors du sémitique; 2° E-ME, phonème dérivé de *amû*, « parler », et signifiant primitivement « le parler », ne désigne la langue matérielle que par adaptation conventionnelle, 3° *Tuku* attend encore une explication définitive; il fait cependant penser au mišnaïlique הדק, אדק, « tenir fermement ». Le *t* assyrien répond souvent au *d* hébreu. Exemples : *abâtu*, *kabtu*, h. כבד, אכד.

39. « En, EN, *enu*, Herr (seigneur). » — Faux : Le sémitisme de ce vocable est garanti par les dérivés *entu*, « dame », et *enûtu*, « domination »; cf. *anu*, « dieu », *antu*, « déesse », *anûtu*, « divinité »; ces deux groupes ont en commun la racine עני, répondant à l'arabe *ghanaya*, « être indépendant, pouvoir se passer des autres, satisfait, riche ».

40. « Engur, ÍD, *engurru*, Ozean, Süsswasser (océan, eau douce); *ê*, « maison », + (*n*)*gur*, « mer ». —Faux : 1° *Engur*

---

1. Comparez cependant l'arabe *qaʿr* (קער), « creux, fosse, fond, contrée, pays ».
2. A moins que *šalu* ne désigne l'idée générale de « service, culte ».
3. On peut aussi penser à la racine שאל, *šaâlu*, « demander, prier ».

ne peut pas venir de íD; 2° íD est l'assyrien *êdu*, « flot » ;
3° *Engurru*, « océan », semble dériver de אנר, « entourer de
barrières »; la mer est considérée comme entourée de barrières
qui l'empêchent d'inonder la terre (cf. Job, XXXVIII, 9-10;
Jérémie, V, 22; Proverbes, VIII, 27-29).

41. « Enkum, EN-KV-VM, *enkummu*, nom d'une divinité :
EN, *bêlu*, Herr (seigneur), + *kummu*, Bau? (construction?). »
— Faux : les deux mots sont assyriens et très usités.

42. « Ergal, *irkallu*, Totenwelt, Gott Irkalla (enfer, son
dieu Irkalla). » — Faux : 1° *Iru, eru*, équivalent de *alu*, est assyro-sémitique; h. עיר (notez le ע !); 2° *Kallu* n'est pas =
gallu; 3° *Gallu* même est indubitablement sémitique;
4° *Kallu* rappelle les racines כלל, כלא, כלי, exprimant toutes
l'idée d'un espace enfermé, et comme substantifs celle de
« enclos, enceinte ». Cf. n° 35 sur la racine אכל.

43. « Ešgal, AB-GAL, *êšgallu*, Pallast (palais) : eš, AB,
Haus (maison) + gal, « grand. » — Faux : *eš* est issu de l'assyrien *ašâšu*, « fonder, demeurer, habiter » (Del., H. W. B.,
150 *b*), d'où aussi *uššu*, « base, fondation »; cf. h. aram. *ošya*,
ušša. Pour l'échange de *u* et *e*, comparez ER et VR, de *eru*
(n° 42), « ville ».

44. « Galli, IM-MAL-LI, *kalû*, eine Tonart (une espèce d'argile. » — Faux : *kalû* seul signifie « récipient, vase, etc. (n° 42);
c'est le déterminatif IM qui contient le sens de « argile », tandis que MAL seul signifie « enceinte, habitation, demeure ».

45. « Galligug, IM-AL-LI-GVG, *kalgukku*, eine Tonart (une
espèce d'argile), GVG, *sâmu*, rot (rouge). » — Faux : sur IM-
MAL-LI, voyez le numéro précédent; *gukku* = *guggu*,
« rouge », vient de *agâgu*, « brûler de colère, se fâcher tout
rouge », d'où également *aggu*, « fâché », *uggu, uggatu*, « colère, ardeur »; cf. ar. *agga*, « brûler ».

46. « Gib(p)il, GI-NE-LÁ, *gib(p)illu*, Feuerbrand o. dgl.
(tison, flammèche, etc.) : gi, ge, GI, *qânu*, Rohr (roseau) +
bil, NE, *išâtu*, Feuer (feu). » — Faux : 1° GI complet, GI-NA,
calqué sur *ginû*, « (sacrifice) perpétuel, fixe », *ginnu, gennu*,
« éternité », figurent aussi entre autres les termes homophones *kênu*, « ferme, constant », et *qanû*, « roseau »; 2° le
phonème bil, NE, tiré peut-être de *balû* (בלי, בלע), « anéan-

tir, détruire », figure de son côté le mot *išatu*, « feu », et par homophonie *eššu*, « nouveau », dont la racine est חרשׁ ; 3° LÁ, lecture abrégée de LAL, issu de *alâlu*, « attacher, accrocher, suspendre, pendre » (r. אלל). L'ensemble est donc un complexe idéophonique : « roseau + feu + attaché » et non pas un mot réel ; 4° *Gibillu* vient d'une racine גבל (נפל, קבל, קפל), dont le sens reste encore obscur.

47. « Ge(i)gunna, GI-NI-SAG, *gigunû*, Grabstätte (lieu de sépulture) : GIG, *mušu*, Nacht (nuit) + VNV-NI-SAG, Wohnung (demeure, habitation). » — Faux : 1° NI-SAG copie *nisakku*, synonyme de *nîqû*, « libation, offrande (h. נסך) », et nullement « habitation, demeure » ; 2° d'après l'analogie des composés n°ˢ 22, 25, 34, 36, 37, 40, 41, 47, GIG-VNV ne peut signifier que « nuit de la demeure » et nullement « demeure de la nuit » ; 3° *gigunû* (pour *gingunû*) appartient visiblement à la classe des mots à racine redoublée comme *ganganu*, *gungunu* (nom propre), קנקן, etc. Le sens de « éternité » (cf. *ginû*) me semble convenir assez bien, comparez h. *bêt °olâm*, aram. *bait °âlmâ*, « cimetière ».

48. « Gešhab(p), IṢ-HAB, *gešhappu*, Schurke (coquin, scélérat) : GEŠ, *zikaru*, Mann (homme) + HAB, *bi'šu*, schlecht (méchant). » — Faux : 1° IṢ = *iṣu*, « arbre, bois » (h. עץ, éth. *ĕtz*) se lit aussi *kis*, *gis*, *geš*, de *qisu* = ar. קיסא, « bois », de là, par homophonie : *kizu*, « écuyer, servant », synonyme de *zikaru*, « homme, servant » ; 2° HAB est tiré de *happû*, « maltraiter, détruire, ruiner ».

49. « Ge(i)šbar, IṢ-PAR, *gišparru*, Falle, Schlinge (piège, rets, lacet) : giš, IS, GIS, *iṣu*, Holz (bois) + bar, PÁR = ? » — Faux : 1° Au lieu de *gišparru*, il faut lire *isparru*, variante minime de *saparu*, le mot ordinaire pour « piège, rets, lacet » ; sens primitif peu différent de *supuru*, « enclos, enceinte, cour », racine כפר ; 2° L'idéogramme IS-PÁR joue sur le mot *šuparruru*, « ce qui étend, renverse », fréquemment employé comme qualificatif de *šêtu*, « piège », et sépare artificiellement le thème *ispar* en *iṣ* de *iṣu*, « bois (matière) + *par* de *pararu*, « écraser (פרר) ». Voyez n° 104.

50. « *Gišgin* = *gišginu*, adv. *gišginiš*, wie dürres Holz, « comme du bois sec, désséché ». — Faux : 1° *gis* est sémitique ; 2° *Ginu* est probablement une variante de *qânu* (voir n° 47), « roseau ».

51. « Gišimmar, GIŠIMMAR, *gišimmaru* = Dattelpalme (palmier) : giš = Holz? (bois?) + immar = ?. » — C'est parler pour ne rien dire. On peut supposer que *immaru* est identique à *ammaru*, « plénitude, satisfaction, agrément », mais nous réservons la question de savoir si l'intention idéographique « arbre de satisfaction, d'agrément » a touché juste. En tout cas, elle est foncièrement sémitique.

52. « Giškin, IŞ-KÍN = *kiškanû* : nom d'un arbre sacré à Eridu, GIŠ, bois + KÍN = ?. » — Faux : *Kanû* signifie « conserver avec soin, protéger » (Del., H. W. B., p. 337 *b*-338 *a*) ; ce sens s'adapte on ne peut mieux à un arbre sacré.

53. « Giškinti, IŠ-KIN-TI = *kiškiltu*, Schnitzmesser (couteau à tailler, à sculpter). » — Sans aucun doute, l'idéogramme tend à indiquer l'objet désigné par le mot réel ; mais pour nous, l'obscurité reste entière.

54. « Gišmah, IŞ-MAH, *gišmahhu* = Balken, Stange (poutre, perche). » — Faux : Les deux éléments sont sémitiques (voyez n°s 48 et 2).

55. « *Girdip* = *gir* = *šepu*, Fuss (pied) + *dip*, anfassen (tenir, prendre, saisir) ; l'ensemble Fuss anfasser, « preneur du pied », serait un don de fonction ! » — Faux : il s'agit d'un « preneur de routes, courrier » (*girru* = *hârranu*) ; r. גָּרַר.

56. « Gudgal, GVD-GAL, *gudgallu* = grosser Stier (grand taureau). » — Faux à cause de GAL ; GVD peut strictement avoir pour base le sémitique גְּדִי, « chevreau » ; l'adaptation de l'idéogramme GVD au taureau serait un fait analogue à פרא, פַּר, qui signifie « brebis » en araméen et « taureau » en hébreu.

57. « Gudmah, GVD-MAH, *gudmahhu*, « taureau énorme ». Déjà expliqué (n°s 56 et 2).

58. « Guza, GV-ZA, *kuzau*, Thron (trône). » — Orthographe très rare de *kassû*, voyez n° 183.

59. « Guzala, GV-ZA-LÁ, *guzalû*, Thronanfasser? (teneur
du trône?). » — Faux : 1° Le caractère factice de l'idéogramme
crève les yeux ; 2° *Guzalû* est le même mot que *guzallu*, titre
de fonctionnaire et synonyme de *nagiru* (Del., H. W. B.,
p. 195 *b*, *mächtig, Machthaber u. d. gl.*), racine גָּזַל.

60. « Har, IŞ-HAR, *harru* = Plan, grundriss (plan, précis. » — Affirmation audacieuse, la racine חָרַד étant des plus
usitées en arabe.

61. « Hargul = HAR*gullu*, Riegel, Barre (verrou, barre) :
HAR = ? + gul *râbû*, gross (gros, grand). » — Faux à cause
de GVL. Notons que *hargullu* se superpose à l'hébreu *ḫargol*
(חַרְגֹּל, « espèce de sauterelle »). Cela garantit au moins la
forme sémitique. Comme dans des centaines de cas analogues,
la philologie aura à trouver la raison de cette différence de
signification.

62. « Hegal, GAN-IG, *hegallu*, *hengallu*, Ueberfluss (abondance) : he, GAN, *dahâdu*, strotzen (abonder) + gal, IG, *išu*,
sein (être). Oder vielleicht besser gal, *rabu*, gross (grand). » —
Faux : 1° He(n), GAN seul signifiant « abondance », le type
assyrien devait être *hênû* ; 2° Gal, « grand », ne s'écrit jamais
avec le signe IG. Pour l'origine des lectures, on ne peut for-
muler que des conjectures provisoires : *gan* et *hen* seraient les
thèmes, l'un de *qanû* (קָנֶה), l'autre de *hinu*, signifiant tous les
deux « roseau ».

63. « Huhar, IŞ-HAR-HV-NA, *huharu*, Vogelschlinge (filet) ;
hu HV Vogel (oiseau) + har? » — Faux : 1° La glose *huhar*
n'existe pas ; 2° Le signe HV se lit ici *mušen*, indiqué par le
complément NA (Del.) ; *mušênu* (thème *mušen*) a lui-même
une physionomie sémitique évidente et semble venir soit de
mušu, « nuit » (cf. *istênu*, « un », de *ištu*, « unité de poids
עֶשֶׁת »), soit d'un participe *šaphel* de אֲנִי ou אֲנָן dont le sens
précis doit être recherché.

64. « Huš(a), HVŠ A, *huššû*, *hušû*, *ruššû*, rotglänzend (ru-
tilant). » — Affirmation audacieuse : c'est HVŠ qui est tiré de
huššu, *hušu*, dont la racine חוּשׁ ou חָשַׁשׁ se rencontre dans
toutes les langues sémitiques.

65. « Idigna, idignu, BAR-TIG-KAR = (nâru), *Idiqlat, Di-qlat* = Tigris (le Tigre). » — Erreur : Les deux formes idéophoniques sont purement artificielles : *id-ig-na* = « flot-source-élevé (*na*), ou possesseur (*nu*) » ; + *bar-tig-gar* = « brillant (bar = *mâšu*), resplendissant (*tig-gar* = *šupû*) ». La finale *t* du féminin achève de prouver l'origine assyro-sémitique de ce nom.

66. « Igigal, ŠI-GAL, *igigallu* = weise (sage) : IGI, *înu*, Auge (œil), *gallu*, besitzend (possédant). » — Faux : 1° IGI de *agu*, *igu* (cf. éth. *ayg*) est synonyme de *înu*, « source » et « œil » ; cf. le sém. עַיִן ; 2° La locution *bišit îni*, « possession d'yeux », pour « sagesse », est purement assyrienne.

67. « Imbari, IM-DVGVD, IM-ŠEŠ, *imbaru*, Sturm (tempête) : IM = *šâru*, Wind (vent) + bari? » — Faux : 1° IM désignant des objets multiples et disparates tels que, par exemple, *ahu*, « côté », *didu*, « argile », *duppu*, « tablette », *émuqu*, « force », *puluhtu*, « crainte », *irṣitu*, « terre », *šamû*, « ciel », *šâru*, « vent », etc., etc., ne saurait être un mot réel d'une langue quelconque, mais uniquement un idéophonème avec lequel, souvent par des analogies très légères, on peut faire tout ce qu'on veut ; 2° DVGVD représente le thème *duhud* de *duhdu*, « abondance » (r. דרדר, מחדר) ; 3° ŠEŠ = *ahu*, « frère », *ahu*, « autre », *limnu*, « mauvais », *naṣâru*, « protéger », se fait également connaître comme un idéophonème ; 4° Le mot assyrien, s'il venait du « sumérien », aurait été *imdugudu* ou *im-šêšu*. Explication conjecturale : *imbaru* = im(m)u (הום, הֵמִי, « faire du bruit », ou ar. هوى, « souffle, air ») + *bâru* (pour *baʿâru*) « qui attrape, qui chasse » (בָּעֵר) ; cf. רוּחַ בָּעֵר[1].

68. « Imhul, IM-HVL, *imhullu*, böser Wind (vent mauvais). » — Faux : composition purement assyrienne : *imu*, « vent » (n° 67) + *hullu*, « mauvais » (h. חֵל, « profane »).

---

1. N° 67. Je vois maintenant que *imbaru* est tout simplement le même mot que *ibbaru*, synonyme de *rihiṭu*, « grosse pluie ondée ». La racine en est donc אבר, et les idéogrammes IM-DV-GVD, « pluie abondante », et IM-ŠEŠ, « pluie mauvaise », donnent le sens approximatif du mot.

69. « Itug, IM-KAL-GA, *itukku* = mächting (puissant) :
IM, Furchtbarkeit (terreur) + KAL-GA = *dannu*, stark (fort). » —
Faux : 1° IM *puluhtu* se lit *ni* (Br., 8366) ; 2° KAL-GA se lit
agga = *aggu*, « fort » ; 3° Ni *imkalga*, ni *imagga* n'assonnent
à *itukku* ; 4° *Itukku* rappelle h. עָתָק, « fort ».

70. « Kargula, KAR-GU-LA, *kargulû*, grosser Wall (grand
quai : kar, KAR, *karû*, Wall (quai) + gul, GU-LA, gross
(grand). » — Faux : 1° *Kâru* est assyrien ; cf. h. כַּר, « bât d'un
chameau, coussin » ; 2° *Gulu* est à *gallu* (n° 2) comme *rubû*
à *rabû*.

71. « Kigal, KI-GAL, *kigallu*, Unterwelt, Baugrube (monde
inférieur, enfer, fosse de construction) : KI + GAL, grosser
Ort (grand lieu). » — Faux : KI vient de *kiu*, « lieu bas » (ar.
qâ° pl. *qi°ân*) ; 2° GAL de *gallu* (h. *gall*, « monceau », ar.
galla, « être grand, noble ».

72. « Kikida, AG-AG, *kikiṭṭu*, Zeremonie, Ritual (cérémonie, rituel) : KIKI, AG-AG, *nipiśu*, « opération magique » +
da, suffixe? » — Faux : 1° AG-AG, faire + faire », joue sur
nipiśu de *êpeśu*, « faire » ; 2° *Kikiṭṭû* est pour *qitqiṭṭu* = talmudique קטסקיט, « querelle », éth. *qatqĕṭa*, faire périr » ;
kikida est un phonème tiré de *kitkiṭṭu*.

73. « Kimah, KI-MAH, *kimahhu*, *kimahu*, *gimahu* = Sarg,
Grab (cercueil, tombeau) ; *ki*, « lieu » + *mah*, « grand,
élevé ». — Faux : 1° les deux mots sont assyriens ; 2° *gimahu*
est l'arabe جوخة, « excavation », de جاح, « miner ».

74. « Kisalluh, KISAL-LUH, *kisalluhhu*, *kisalluhu* = Raum-
reiniger (balayeur, nettoyeur de place) ; KISAL = *kisallu*, Raum
(place, espace) + luh, LUH, *misû* = reinigen (nettoyer). » —
Faux : 1° *kisallu* se superpose entièrement à l'araméen כסלא,
« exhaussement du sol silonné » ; 2° LUH, LAH est tiré visiblement de *lahu* = לָח, « humecté », de là l'assyrien « laver,
nettoyer » ; la variation vocalique en atteste l'origine sémitique.

75. « Kisalmah, KISAL-MAH, *kisalmahu*, grosser Raum (grand
e-pace). » — Faux : les deux vocables appartiennent à l'assyro-sémitique.

76. « Kisib, RID-GAL, *kisibgallu* = Siegelbewahrer (conservateur du sceau) ; *kisib*, Siegel (sceau) + *gal*, gross

(grand). » — Faux : 1° *kisibbu*, type *gimillu*, montre une forme manifestement assyrienne, r. כשב ; 2° *gallu* est connu.

77. « Kudim, AZAG-GIM, *kultimmu, kutimmu* = Gold und Silberarbeiter (orfèvre, ouvrier qui travaille l'or et l'argent); *kû = ellu*, « métal pur, précieux » + dim, GIM = *bânu*, machen (faire). » — L'origine des syllabes *kû* et *dim* est encore à trouver. D'autre part, *kuttimmu, kutimmu*, type *puridu*, fait penser à un dérivé de כתם, qui a fourni le nom de l'or en hébreu.

78. « Lahangidda, LA-HA-AN-BV-DA, *lahangiddû* = lange Lahnu (*lahnu* lóng). » — Faux : 1° Le sens de *lahnu* est encore à préciser, mais une racine לחן existe en araméen et en arabe; 2° l'idéogramme GID vient probablement de la substance du verbe (נ)גר qui signifie « répandre, élargir » en araméen.

79. « Lamhuš(a) = lam(a)huššû = Purpurkleid (vêtement de pourpre). » — Faux : 1° *lamu*, « vêtement », ressort de *lamu*, « entourer, envelopper »; cf. héb. לְוְיָה, « coiffure »; 2° sur *huššû*, voyez n° 64.

80. « Lamma, AN-KAL, *lamassû* = ein Schutzgott (lamassu, dieu protecteur, colosse). » — Faux : lamma est abrégé de *lamassu*; une augmentation par *assu* est absolument exclue.

81. « Magur, IS-MÁ-TU, makurru = (Segel) Schiff (voilier); MÁ, Schiff (vaisseau) + TV = ?. » — On ignore encore l'origine de MÁ ; cf. pourtant le talmudique *makutta* (מכותא), « vaisseau ». Du reste le mot *makurru* se ramène à la racine מכר, dont le sens de « bien, acquisition » est seul connu jusqu'à présent.

82. « Malah, MÁ-LAH (= DV DV), *malahu* = Schiffer (navigateur); MÁ = *elippu*, Schiff (vaisseau) + LÁH = führen (conduire). » — Faux : le mot מלח est presque généralement sémitique et vient de מלח, « sel »; la première navigation régulière avait pour but la recherche du sel marin.

83. « Maš-maš (amel), MAŠ-MAŠ = *maš-mašu* = Beschwörer (conjurateur, magicien); eigentlich *mullillu*, der Reiniger (le purificateur). » — Faux : *mašmaš* constitue une rédu-

plication de MAŠ, tiré de *mašašu*, qui signifie notoirement, de même que *alâlu* (הלל, חלל), « nettoyer, faire briller » ; *mulilu* et *mašmašu* sont donc des synonymes assyriens.

84. « Matur, MÁ-TUR, *maturru* ou *madurru*, eine Art Schriff (une espèce de vaisseau). » — Douteux : le mot peut venir d'une racine soit מחר ou מדר, soit חרר ou דרר.

85. « Mismakan(na), MIS-MÁ-KAN-NA, *mussukhannu*, *mus-(s)ukanu*, *mis(s)kannu* = ein Baum (un arbre) ; *mêsu*, ein Baum (un arbre) + makan, MA-KAN, Makan (nom de pays) ; ainsi « bois *meš* de Makan. » — Faux : 1° un arbre nommé *maiš* (מייש) se trouve souvent mentionné dans le Talmud ; le toponyme מֵשָׁא appartient à la géographie de l'ancienne Arabie ; 2° Makan est précisément le nom de l'Arabie maritime voisine du sud de la Babylonie ; 3° MÁ, abrégé de *Makân(u)*, n'est qu'un idéogramme factice.

86. « Mišagaggud = *mišgagaggudu* = *paššûr qaqqadi* = Kopfbrette (planchette pour poser la tête) ; *mis*, Holz (bois) + *gaggud* = *qaqqadu*, Kopf (tête). » — Faux : 1° *mis*, v. 85 ; 2° *gag* + *gud* (= « faisant cambrure ») repose sur le mot réel *qaqqâdu* = héb. קדקד, *qodqôd*, « tête, sommet du crâne ».

87. « Mišgal (emesal) = *gišgal*, IS-IG = Türe (porte) : *mis* = *išu*, Holz (bois) + gal IG *bišitu*, Besitz (possession). » — Faux : 1° En emesal, il faudrait *mis-mal*. L'hybridité de cette composition prouve la vanité des prétendus dialectes ; 2° *mis* et *gal* (*kal*) viennent des types assyriens *mesu* et *kalû* ; 3° toute la composition « bois + contenant » pour « porte » est hautement artificielle ; 4° (IS) IG est apocopé de *iqqu*, « porte » ; r. עקק ; cf. ar. *aqqa*, « fente, crevasse », ou bien de עבק, « barrer ».

88. « *Mu*, MV, Name (nom). » — Faux : 1° la seconde lecture *šum*, dont la provenance de *šumu*, « nom », crève les yeux (sém. gén. שם, *ism*, *šěm*), garantit le sémitisme de *mu* ; car autrement la syllabe *sum*, si elle était ajoutée par les Sémites, n'aurait pas de représentant en « sumérien » ; 2° *mû*, « appellation, nom », est aussi régulièrement dérivé de *amû*, « parler, appeler », que *lidû*, « fils, enfant », de *alâdu*, « engendrer, enfanter » ; cf. éth. *lěd*, am. *lědj* ; 3° l'idéogramme ME, « parole », est dû à la même racine, sém. ימו.

89. « Munugal(la), MV-NV-IG-LA, *munugallû* = Namen-
loser (anonyme) = *mu*, Name (nom) + *nu* = *lâ* = nicht (non)
+ *gal bišitu*, Besitz (possession). » — Faux : NV se lit *lâ* et
mu lâ kalû n'est qu'une variante équivalente de *šumu la isû*
ou *basû*.

90. « Musar, MV-SAR, *musarû, mušaru, musarrû, mušarru*
= Schrift denkmal (documents écrits); *mu*, MV, Name, *sar*,
SAR, schreiben (écrire). » — Faux : 1° La conception de
« nom » n'existe pas dans *mušarru* et variantes, car, pour dire
« document signé de mon nom, de ton nom, etc., » on écrit
mušarrû(ri), sitir šumiya, šumika, šumišu, etc.; 2° *musarrû*
vient de שׁוּר, « disposer en lignes », d'où aussi l'hébreu
שׁוּרָה, « ligne, rang », et l'arabe *sûra*, « pièce écrite, chapitre
du Coran »; 3° l'idéogramme *mu-sar* qui joue sur le mot vrai
signifie en réalité « nom + écrit » (Schriftname, « nom d'un
écrit »), et nullement « Namenschrift » (écriture ou signature
du nom) qui est un germanisme.

91. « Musar, SAR + SAR, *musaru, mušarrû* = Garten
(jardin); mu ŠAR *bânu* = bauen (construire) + sar SAR =
arqu = grün (vert). » — Faux : 1° « Vert-construire » ou
même « verdure-culture » pour le généralement humain « jardin » sent son pédantisme de cent lieues; 2° comme idéogramme
SAR-SAR, « rangée-rangée (de plantes) », pour indiquer un
jardin sur un terrain cultivé, est des plus naturels; 3° *musaru*,
« plantation, jardin », découle de la même racine שׁוּר que
celui du numéro précédent.

92. « Mušgal, MVŠ-GAL, *muššugallu, mušgallu*, grosse
Schlange (grand serpent); MVŠ, Schlange (serpent) + GAL,
gross (grand). » — Faux : MVŠ semble appartenir à une variante de *namaššu, namaštu*, « pullulation, reptile ». GAL est
connu.

93. « Mušgir, MVŠ-GIR, *mušqarru*, ein Edelsten (une
pierre précieuse); MVŠ, Schlange (serpent) + GIR, *patru*,
Dolch (javelot). » — Faux : l'idéogramme joue sur le mot
réel qui vient de שׁגר, סגר ou שׁקר, סקר.

94. « *Mušhuš* = *mušhušû* = rote Schlange (serpent rouge). »
— Faux : Voir 92 et 94.

95. « Musmaḫ = *mušmahhu*. » — Faux : Voir 92 et 2.

96. « Nam-tar, NAM-TAR, *namtâru* = ein Dämon, eine Krankheit (un démon, une maladie; nam NAM = *šimtu* = Schicksal (sort) + tar TAR = *šâmu* = festsetzen (fixer). » — Faux : La coupe est purement factice. Considéré comme un seul mot, *namtaru* découle de *mataru*, « être fort, puissant », d'où *mitru*, « fort, puissant », épithète souvent appliquée aux divinités sévères; 2° « sort fixé » est trop redondant pour devenir un nom propre populaire.

97. « Naru(a), NA-RV-A = *narû* = Steintafel (tablette de pierre); NA, Stein (pierre) + RV, *banû* = bauen (construire). » — Faux : 1° « Pierre-construire » pour « tablette » ferait rire un enfant; 2° NA, « pierre », est tiré par abréviation de *narû*.

98. « Nerigal, AN-NER-VNV-GAL = (*ilu*) Nerigal. Die Babylonier haben das Wort in ne NER Herr + eri VNV Wohnung + gal GAL *rabû*, gross zerlegt, wobei sie für das Ideogramm VNV den Lautwert des so ziemlich gleichbedeutenden ER angenommen haben. Als sicher kann nur das letzte Element betrachtet werden (Les Babyloniens ont décomposé le mot en NER, « seigneur », ERI, « demeure » + GAL, en substituant à VNV le presque synonyme ER. Le dernier élément (GAL) doit être considéré comme certain). » — Faux : 1° Il est de la dernière improbabilité que les Sémites aient pris un nouvel élément « sumérien » pour l'intercaler dans l'ancienne forme transmise par la tradition religieuse; 2° les mots *nêru*, « domaine (héb. נִיר), dominateur », *êru*, « ville » (héb. עִיר) et *gallu* (ar. *galil*) sont parfaitement assyro-sémitiques; 3° la vraie forme du nom divin est *Ner-gal* contracté pour *neru-gallu*, « seigneur grand », et *er* a été intercalé dans l'idéogramme afin de le qualifier comme une divinité infernale : « ville-grande » étant l'épithète ordinaire de l'Hadès.

99. « Nigab » NI-GAB = *âtû*, « gardien, surveillant »; la lecture de l'idéogramme n'est pas donnée. » — Faux : l'idéogramme peut se lire aussi bien *nitah*, copié de *nitahu* = *zikaru*, « serviteur », que *itu*, et dans ce cas, il assonne avec *âtû*, « gardien ». Artifice compliqué.

100. « Nigna, GAR-NA, *nignakku, nignaggu*. » — Lecture et signification peu sûres.

101. « Nigula = nigul(l)u = Bestes (?) Œl (la meilleure huile). » — Faux : *gullu*, *gulu* étant certainement assyrien, *ni* doit l'être également. Il y a probablement une contraction d'une forme telle que *nîhhu* ou *nihu* (r. נוח ou נחח). En hébreu, le parfum de la graisse (שמן = as. *śamnu*, « graisse, huile ») est dit ריח נחוח.

102. « Nihanun(na)ge = *nihenunnaku*, Fülle an Œl (abondance d'huile); ni *śammu*, Œl (huile) + *he* (abr. de *hen*) + *nun* = *nuhśu* Ueberfluss (abondance) + *ku*, suffixe d'appartenance du sum. *ge*. » — Faux : tous ces éléments appartiennent à l'assyrien.

103. « Ninkum, NIN-KV-VM = (*illu*) *Ninkummu*, Name einer Göttin (nom d'une déesse), nin NIN = *bêltu* Herrin (Dame) + kum(mu) Bau (? construction). » — Faux : 1° *nin*, substance de *ninu*, signifie à la fois « seigneur » et « dame », ressortant d'une racine sémitique נון, que nous retrouvons dans NVN, grand; 2° *kumu*, « construction », est un mot assyrien connu; r. כום.

104. « Sabar, SA-PÁR = *saparu* = Netz (filet); sa = *śêtu*, Netz (filet) + par, PÁR = *śuparruru* = austrecken (étendre). » — Faux : 1° dès le moment que SA seul signifie déjà « filet », l'élément PÁR devient aussi inutile qu'insignifiant; 2° *saparu* est un seul mot apparenté à *supuru*, « enclos, enceinte »; 3° SA doit être tiré d'un mot comme *sa'u* ou *sahu* et son double sens de « corde » et de « filet » se retrouve dans l'hébreu חֶבֶל.

105. « Sagig, SA-GIG, *sagikku*, kranke Muskeln (muscles malades). » — Faux : les deux éléments sont d'origine assyrienne. Sur SA, voir 104; pour GIG, variante de GVG, comparez *quqânu*, *guqânu*, « maladie de l'œil, trouble de la vue ».

106. « Samah, SA-MAH, *samahhu* = grosses Netz (grand filet). » — Faux : **sa'(u) mahhu* ne donne lieu à aucune difficulté au point de vue assyrien.

107. « Sanga-mah = *sangamahu*, Oberpriester (grand prêtre). » — Faux : 1° *śanga* a une forme assyrienne parfaite,

bien qu'il soit douteux si la racine est שנג ou שגה; 2° l'idéogramme ne s'écrit pas SA-NAG, mais RID.

108. « Sarmah, SAR-MAH, s(š)armahhu = Park (parc) ; sar SAR, *kirû*, Garten (jardin) + mah MAH = gross (grand) » — Faux : voir 91 et 2.

109. « Sib(a), SIB = *sibbu*, *sippu* = Hirt (berger, pasteur). » — Faux : l'idéogramme SIB découle du vrai mot passablement usité. Racine possible אסף ou סבב, « aller au large, faire des tournées ».

110. « Silamah = *silammahu* = Prachtgewand (vêtement de parade) ; *sila* = ? + *mah* = gross (grand, magnifique). » — Faux : *silam* repose sur *sil(a)mu*, « vêtement » = héb. שַׂלְמָה.

111. « Surmah = s(š)urmahhu = Oberpriester (grand prêtre). » — Faux : l'idéogramme *sur* vient de *surrû* = « magicien, prêtre ».

112. « Ša(g)gur = *šagurrû* = Erbarmen (commisération, pitié) ; *šag* = *libbu*, Herz (cœur) + *gur* = *târu*, sich wenden (se tourner). » — Faux : 1° la combinaison « cœur + tournure », peu naturelle en elle-même, semble contredite par l'équivalent assyrien *taâru*, qui signifie précisément « tournure » au propre ; *šagurru* paraît donc être un seul mot de la racine שגר, סגר, סקר; 2° sur ša LIB, voyez le numéro suivant.

113. « Ša(g)mah, ŠA-MAH, *samahu* = Grossherz, grosses Inneres (au grand cœur, intérieur vaste). » — Faux : 1° l'expression est profondément sémitique : *libbu*, *rapšu*, רחב לב, etc. ; 2° nous ignorons encore le type de l'idéogramme ŠA, mais la circonstance que son autre valeur LIB est certainement le sémitique לב, « cœur », oblige à admettre que ŠA est également un produit assyro-sémitique. L'analogie conduit à quelque chose comme *ša'u*, « sentiment, désir »; cf. ar. *ša'hâ* et *ša'a*.

114. « Samalla, amêl-V́-GÁN-LÁ, amel ŠAGAN = *samallû* = Lehrling (apprenti) ; ŠAMAL V́-GÁN = *kîsu*, Beutel (bourse) + la, LÁ, tragen (porter). » — Faux : 1° l'idée fondamentale rappelle le נשא כלים ou page qui accompagnait le guerrier chez les Hébreux. En langage rabbinique, les commentateurs sont les נושאי כלים de l'auteur de l'ouvrage commenté,

2° *śamallû* ressort probablement de שמל; cf. ar. שול, « lever,
soulever »; *śawwâl*, *śayâl*, « portefaix ».

115. « Šar, šAR, *śâru*, 3.600 (σαρος). » — Faux : שער en
mišnaïtique signifie « mesurer, compter, estimer », שעור,
« nombre déterminé ». Il se rattache visiblement à שער
(*śâru*), « grande porte de la ville », lieu ordinaire du marché
public où se fixaient les prix des marchandises.

116. « Šimšal, šIM-šAL, *śimeśśallû*, eine Art *riqqu* (une
espèce de *riqqu*); šim, sIM *riqqu* = ein harzhaltiger Baum (un
arbre résineux) + šal, šAL = ?. » — Faux : sIM ne saurait
être séparé de šAM *śammu* = héb. סם, « épice aromatique »;
cf. ar. *śamma*, « sentir, avoir une odeur ». Quant à l'idéogramme synonyme IS šIM-MEš-LI, M. Leander avoue lui-même
qu'il a été formé d'après le mot assyrien. Les philologues babyloniens raffolaient, paraît-il, d'opérations amusantes. D'abord,
ils se sont donné la peine immense de conserver l'idéogramme
préhistorique qui n'était pas fixé par écrit, puis, quand le
mot « sumérien » entra défiguré dans l'usage sémitique, ils
créèrent un nouvel idéogramme sur la base de la forme cor-
rompue, afin d'enrichir le lexique sumérien! C'est heureux
qu'on ne nous ait pas baptisé *emesal* ou *emeku* II cette seconde
forme; nous n'aurions pas pu en prouver la nullité.

117. « Sudingir, šv-AN, *śud(?)ingirraku* = eine fieberhafte
Krankheit (une maladie fiévreuse); *śu*, sv, *qâtu* = Hand
(main) + *dingir* AN, Gott (dieu); *ku* aus dem sumerischen
suffix ge. » — Faux : 1° le fond : « main de dieu », pour
désigner une maladie dangereuse en général, un malheur subit
et grave, rappelle l'expression hébraïque יד יהוה; 2° l'idéogramme šv-AN se passe du suffixe *ge*; il est donc absurde de
supposer que les Assyriens l'y aient ajouté d'eux-mêmes dans
le but de pouvoir le transformer en *ku*.

118. « Šugra, IS-šv-KAR, NANGAR = *nagarru*, Zimmer-
mann (charpentier). » — Faux : les deux idéogrammes ont
pour base des mots assyro-sémitiques : 1° svGRA suppose un
mot *sugru* ou *sukru*, de סגר ou סכר, « fermer, barrer »;
2° NANGAR révèle manifestement le mot sémitique général

naggaru, נַגָּר, נַגָּרָא, naggâr (charpentier). Il faut être aveugle
pour ne pas le voir.

119. « Šušgal, (IS-SA) ŠV-VS-KAL, SA ŠV-VŠ·GAL == *śuśkallu*
== eine Art Fangnetz (une espèce de filet) : šv, Partikel (particule) + uš vs ==? + GAL, gross (grand). » — Faux : 1° la particule *śu* est empruntée au *śaphel* assyrien (cf. *śuhuzu, śu-
ripu,* etc.); 2° *śuśkalu* se rattache à שכל, « ravager,
détruire (surtout les êtres jeunes et forts) ».

120. « Targul, DIM-GAL (ou GVL) == *tarkullu,* grosser
Pfahl, Schiffspfahl (grand pieu, pieu de vaisseau); tar ==
dimmu, Pfahl (pieu) + *gal,* gross (grand). » — Faux : 1°*taru*
peut être aussi assyrien que son synonyme *dimmu* ; 2° la présence
de *k* suggère plutôt l'idée que la vraie racine de *tarkul* est
תכל dont le sens primitif, conservé en éthopien, est « planter,
fixer »; l'acception matérielle de « pieu » y convient à per-
fection.

121. « Tu, TV == *tû,* Beschwörung (adjuration). » — Faux :
tû est un substantif régulièrement formé; il provient de *tumû,*
tummû, « parler, adjurer »; la transition graduelle est *tuwwû,*
tuwû, tû. Cf. les transitions analogues de *damu, dumu,*
dawu, duwu, dau, duu, du.

122. « *Tudug(ga),* TV-KA-GA, *tuduku, tudukû,* Beschwörung (adjuration, incantation). » — Faux : *duku, duqu, dugu,*
découle de דּוּק, « parler avec précision »; cf. éthiop. *ṭaiqa,*
têqa, « s'informer ».

123. « Ubšukkin(na), VB-ŠV-VKKIN-NA == *ubśukkinnaqu,*
ub(p)śukanaqu == ein kosmischer Raum (un espace cosmique); ub, VB == *tubqu* == Raum (espace) + šu, šv (*qâtu*) :
Intensivpartikel vor einem Verbum transitivum (paharu II, 1;
versammeln) + ukkin, VKKIN, *puhru,* Versammlung; -*qu*
aus dem sumerischen Zugehörigkeitssuffix -ge. (+ šv, particule intensive du verbe transitif « assembler » + *qu,* suffixe
sumérien d'appartenance -*ge*). » — Faux : 1° la prétendue
particule intensive šv n'existe pas; 2° le suffixe *ge* étant absent du complexe en cause, il n'a pu se changer en *qu*; 3° la
forme VKKIN, « assemblement », est le thème exact de *un-*

kennu (*n* infixe), produit de la racine וכן qui donne en arabe *wakn*, *wakna*, « nid, abri, installation » ; 4° l'ensemble du complexe pourrait même se lire *upqat-ukkin* de *upqat-ukken-naqu*, appartenant au *upqat-unkennu* (*ukkinu*, *ukkanu*), mais sur ce point il faut se tenir provisoirement sur la réserve.

124. « Ukkin, ᴠᴋᴋɪɴ, *unkennu*, Versammlung. » — Voir le numéro précédent.

125. « Urmah, ᴠʀᴍᴀʜ = ur mahhu = Löwenkoloss (lion colossal en pierre) ; ᴠʀ, *kalbu* = Hund (chien) + ᴍᴀʜ, *râbû* = gross (grand, gros). » — Faux : 1° ᴠʀ vient de *urumu*, *urrumu*, de la racine אָרֻם, « assaillir, attaquer, synonyme de *qarâbu*, « lutter », et de *sanâqu*, « serrer » ; *urumu*, *uruwu*, *uruu* aboutit à *uru*, ét. constr. *ur* ; 2° *mahhu*, *mahu* est assyrien (2). L'idéogramme du chien ᴠʀ-ᴋᴠ signifie verbalement « assaillant d'habitation » (= domestique), ᴋᴠ = *kumu*, *kuwu*, *kû*.

126. « Urudu, ᴠʀᴠᴅᴠ, *urudû* = Kupfer (cuivre). » Faux : Contre l'origine assyrienne du mot, on n'a jamais pu présenter la plus petite raison valable, car l'assonance avec ῥόδον ne signifie rien et en tout cas ne serait pas au profit du sumérien. Au point de vue sémitique du nord, on constate une relation constante, visiblement en raison de couleur, entre le cuivre, נחשת, et le serpent, נָחָשׁ ; or, la même coïncidence s'observe entre *urudu*, « cuivre », et l'araméen *iroda* (ירודא), « serpent ». Cela suffit pour ne pas se laisser égarer par des étymologies allophyles.

129. « Urugal (amel), šᴇš-ɢᴀʟ, ᴍᴀš-ᴍᴀš = *urigallu* = ältester Bruder, Priester irgendeiner Art Standarte (?) ; uru, šᴇš, *naṣâru*, beschützen (protéger) + *gal*, gross (grand). » — Faux : *ûru*, « haie entourante, enclos », passe naturellement à l'idée de « protection » ; de là, *uru(i)gallu*, « grand protecteur », et, selon les applications coutumières, peut désigner en même temps le frère aîné, le prêtre, l'étendard (?) et autre chose encore.

130. « Ušumgallu, ɢᴀʟ-ᴠšᴠ = *ušumgallu* = (grosser Molch), Drache (gros reptile, dragon) ; *ušu*, *bašmu*, Molch (reptile). » — Faux : 1° *ušum* peut répondre au fond à *mušu*

(serpent), prononcé *wušu*, puis *ušu*; 2° la graphie inverse GAL-VŠV atteste le caractère artificiel du complexe.

131. « Zadim(ma), TÁK-GIM-MA = *z(ş)adimma* = Edelsteinarbeiter (travailleur de pierres précieuses); za, TÁK, *abnu* Stein (pierre) + dim, GIM, *banû*, machen bilden (construire, former). » — Faux : 1° *dimmu* = colonne, pilier, perche; de là, l'idée générale de l'idéogramme DIM, « construire »; 2° à juger d'après l'analogie, ZA, « pierre », viendrait de *za'u* ou *zamu, zawu*, mais le sens exact de ces mots reste encore à déterminer.

132. « Zagindur, TAK-ZAGIN-A = *zagindûru* : eine Art des *uknu*, d. h. des Lapis lazuli (une espèce de uknu); zagin, ZA-GIN = *uknû*, lapis lazuli, za, *abnu*, Stein (pierre) + gin = *ellu*, glänzed (brillant, resplendissant) + dur = ?. » — Faux : ZAGIN tout entier signifie *ellu* et constitue le thème d'un adjectif *zagnu*. Le passage lu *śa zigni ukni zagnu* et traduit : « Mit niederhängendem lasurfarbenem Barte (avec une barbe pendante, couleur d'azur) » signifie en réalité « qui resplendit avec la splendeur du lapis lazuli »; racine זגן. Le sens du déterminatif *duru* demeure obscur; est-ce l'arabe *durr*, « perle? ».

133. « Zagmug(e!), ZAG-MVG, *zagmuku, zagmukku*, Neujahrsfest (fête de nouvel an); zag, ZAG, *rêsu*, Kopf (tête) + mu (MV), *śattu*, Jahr (an, année) + ge Zugehöringkeitsuffix (suffixe d'appartenance). » — Faux : 1° la locution « tête d'année » pour « commencement d'année », forme un idiotisme exclusivement sémitique; 2° ZAG a tant de significations différentes : côté, miel, force, oracle, pitié, lien, etc., qu'à sa place c'est le signe SAG, « tête », qu'on aurait dû choisir; 3° jamais l'indice d'appartenance *ge* ne se laisse joindre au mot précédent sous la forme phonétique *g*. Sachons ignorer et réserver notre opinion.

134. « Zisur(ra), KV-SVR-RA, *zis(ś)urrû* = Mehlwasser (eau mêlée de farine); zi(d), KV = *qêmu*, Mehl (farine) + šur = ?. » — Faux : 1° en néo-hébreu, le verbe שרדה signifie « tremper quelque chose dans l'eau »; 2° un mot assyrien *zidu* avec le sens de « farine » n'aurait rien d'étonnant; qui peut se vanter de connaître la contenance exacte de son lexique?

135. « Zisa(g)gal(la), ZI-ŠA (= LIB)-IG-LA, ziša(g)kallu = Lebenshauch (souffle de vie) ou Seufzen (soupirer). » — Faux : 1° on peut aussi traduire « fermeté du cœur possédant » et de plusieurs autres manières encore ; une seule chose est sûre : c'est que l'idée de « souffle », inhérente à l'idéogramme ZI, vient de zîqu, « tempête, vent » ; 2° les autres idéogrammes ŠA (= LIB), « cœur », et KAL(IG), « posséder », sont déjà connus comme abrégements de vocables assyriens.

136. « Zitar(ru)da = zitarrud(ṭ)û, eine dem Menschen-schädliche Handlung (une œuvre nuisible à l'homme) ; zi = napištu, Leben (vie, souffle) + tar = parâ'u, abschneiden (couper, détacher, retrancher) + da, suffixe. » — Faux : 1° ZI, « souffle, vie », est apocopé de zig (r. זיק) ; 2° TAR a pour racine חרה (itarri, « il déchira ») ; 3° rudû = ruddû, « en augmentation » (vermehrt, grösser, Del., II. W. B., p. 614 a), r. רדה ; 4° tarrudû peut découler d'une racine חרד ,טרד ou מרט.

Notre premier examen philologique est terminé. M. Leander, emboîtant le pas de ses maîtres, a prétendu nous présenter 136 mots sumériens *certains* qui auraient reçu droit d'indigénat dans le lexique assyrien, et il se trouve qu'il a été cent trente-six fois trompé par des fausses étymologies, en grande partie devenues traditionnelles dans son école. Les erreurs sont tellement évidentes que, pendant longtemps, j'avais conçu l'espoir qu'elles disparaîtraient d'elles-mêmes devant le bons sens de la nouvelle génération qui se targue de renouveler la face de toutes les conceptions historiques des époques antérieures. Mes prévisions optimistes ont été cruellement désappointées. L'erreur trouve, dans son irrationnalité même, la source de sa persistance. Un raisonnement peut être vaincu par un raisonnement plus solide ; contre le mysticisme dévoyé qui tend à chercher au loin la clé des énigmes qui se trouvent près de lui, les arguments les plus justes ne produisent aucun effet ; et il ne reste plus qu'à préserver les autres de ce béri-béri dangereux dont l'assyriologie ressent déjà les atteintes déplorables. En vertu de ces circonstances exceptionnelles, il ne sera pas inutile d'apporter encore quelques nouveaux éclaircissements à ce propos.

On ne saurait imaginer un tableau plus désopilant que la classification de ces prétendus emprunts. Le vocabulaire prétendument doté de 136 unités, ne comprend que 13 monosyllabes : *an* (8), « ciel, dieu »; *bur* (18), « pierre »; *dam, dum* (23), « fils»; *dar* (23), « poule »; *dub* (29), « tablette d'argile »; *en* (39), « seigneur »; *gal(li)*, « une espèce d'argile »; *har* (60), « plan, tracé »; *huš* (64), « rouge »; *mu* (88), « nom »; *sib* (109), « berger »; *šar* (15), « 3600 »; *tú* (121), « incantation ». Quand on pense que le fonds du lexique « sumérien » se compose presque entièrement de racines monosyllabiques immuables, on se demande s'il est vraiment imaginable que les Sémites n'aient trouvé bon à utiliser que ce nombre imperceptible de mots dans la langue de leurs civilisateurs. On se résignerait encore si ces *treize* mots exprimaient des idées empreintes d'une civilisation supérieure, s'ils étaient des termes techniques d'art et de science jadis inconnus des Sémites, ou, du moins, des expressions plus commodes à manier que les périphrases fatigantes du langage populaire; mais non, ces vocables exotiques expriment les objets les plus communs et d'usage journalier : ciel, pierre, fils, poule, tablette, seigneur, argile, plan, rouge, nom, berger, 3600, incantation, objets pour lesquels toutes les langues sémitiques possèdent des mots propres et même plus relevés, comme par exemple la conception de la myriade (רִבּוֹא). N'est-il pas tangible que l'épithète de « sumériens » dont on les a affublés provient d'une illusion injustifiable?

Regardons maintenant de près les 123 mots restants de la série. Ils sont presque tous composés de deux, rarement de trois éléments. Voici d'abord les bi- ou trisyllabes simples, et par conséquent dépourvus de toute étymologie sumérienne. Ce sont : *dingir* (28), *guza* (58), *idigna(u)* (65), *kiki* (72), *mašmaš* (83), *urudu* (128). En somme, six mots signifiant respectivement : dieu, trône, tigre, cérémonie, conjurateur, cuivre, conceptions pour lesquelles il existe des expressions courantes et qui n'offrent aucune trace de réflexion.

Le reste, au nombre de 117, se divise d'après la nature des éléments qui entrent dans la composition ainsi qu'il suit :

1) Substantifs reliés par l'état construit, 31 : *zuab, abzu* (3), *adagur* (4), *anag* (9), *asur* (14), *damkina* (22), *darlugal* (25), *dubsar* (31), *durgar* (32), *ekur* (36), *emesal* (37), *engur* (40), *enkum* (41), *gibil* (46), *gigun* (47), *giśhab* (48), *giśbar* (49), *gisgin* (50), *giśimmar* (51), *giśkin* (52), *giskinti* (53), *girdib* (55), *huhar* (63), *imbar* (67), *magur* (81), *matur* (84), *mesmakan* (85), *misgaggud* (86), *musgir* (93), *ninkum* (103), *sîmśal* (116), *zadingur* (132). Ils signifient, dans l'ordre pré-cité : océan, mesure, vase, lit de fleuve, une certaine déesse, coq, scribe, trône, temple, dialecte, maison de mer, seigneur de construction (?), feu, cimetière, coquin, filet, bois dur, palmier, certain arbre, faucille, teneur de piège, piège, tem-pête, voilier, espèce de vaisseau, espèce d'arbre, appui de la tête, espèce de pierre précieuse, seigneur de construction, un arbre résineux, maladie fiévreuse, un espace cosmique, espèce d'uknu. Aucun terme portant un caractère qui sorte de l'ordinaire.

Chose curieuse, en compilant ces mots dans sa liste, M. Leander a oublié que le mécanisme de l'état construit est un trait caractéristique des langues sémitiques et n'existe dans aucune autre famille des langues de l'Asie. Ce savant nous a donc procuré à son insu 31 témoins de plus que le « sumé-rien » est un produit du génie sémitique, naturellement pas comme une seconde langue, mais comme un système artificiel exprimant leur langue réelle, l'assyro-babylonien.

2) Substantifs supposés reliés par le suffixe d'appartenance *ge*, lequel deviendrait *gu, ku, qu* dans la bouche des Sé-mites, 7 : *Anunna*(-*ge, ga*) (13), *asur* (14), *edam* (34), *nigna* (190), *śudingir* (117), *ubśukhin* (123), *zagmuge* (133), signi-fiant : eaux grandes, lit de fleuve, matrice, encensoir, maladie fiévreuse, région-assemblée, jour de l'an.

L'inexactitude de l'affirmation qui précède se révèle déjà au premier aspect, car, à la seule exception de *anunna*, au-cun des six autres ne s'adjoint le suffixe *kid* = *ge*. Pour ce qui est de *mug*, c'est se plonger dans le plus pur arbitraire que d'y chercher une contraction de *mu-kid* (= *ge*), une pareille con-traction n'a jamais lieu dans la graphie sumérienne et ce n'est que le sens du sémitique *reś śatti* qui a donné naissance à la conjecture, mais le monosyllabe *mu* a tant de sens différents que son admission comme mot populaire paraît une possibilité bien précaire. J'ai déjà fait la remarque que l'emploi de l'expression « tête » pour « commencement », en parlant de l'année, ressort du génie sémitique ; *zag-mu* serait donc du sumérien fabriqué par les Sémites, puis aurait été repris par ceux-ci comme un mot étranger et préhistorique !

3) Substantif et adjectif. L'adjectif occupe la seconde place, comme presque généralement en assyrien. Ce sont les qualificatifs *gal* et *mah*, « grand, sublime », qui se présentent le plus souvent. Au lieu de *gal*, on a parfois *gul*. Quand le substantif s'emploie tantôt sans, tantôt avec l'adjectif, je mettrai celui-ci entre parenthèses, afin de ne pas avoir à écrire deux fois le même mot.

a) Avec *gal* : *abgal* (1), *agal* (5), *azu(gal)* (16), *burzigal* (21), *darlugal* (25), *dikudgal* (26), *dingal* (27), *dub(gal)* (30), *egal* (35), *ergal* (42), *ešgal* (43), *gud(gal, mah)* (56-57), *hegal* (62), *igigal* (66), *kargul* (70), *kigal* (71), *kisibgal* (76), *mišgal* (87), *mušgal (mah)* (92, 95), *nerigal* (98), *nigabgal* (99), *nigul* (101), *sugragal* (118), *šušgal* (119), *targul* (120), *udgal* (125), *urugal* (129), *ušumgal* (130), *zišagal* (135).

Significations : sage grand, eau grande, médecin grand, buzzi grand, oiseau-homme grand, juge grand, constructeur grand, tablette grande, maison grande, ville grande, maison grande, bœuf grand, bien grand, œil grand, quai grand, terre grande, seau grand, arbre grand, serpent grand, seigneur grand, portier grand, huile grande (de première qualité), frère grand (aîné), salamandre grande, charretier grand, filet grand, pieu grand, géant grand, protecteur grand, souffle grand.

b) avec *mah*, 14 : *abulmah* (KÁ-GAL-MAH) (2), *anagmah* (10), *bar(a)mah* (17), *burmah* (20), *durmah* (33), *gišmah* (54), *gudmah* (57), *kimah* (73), *kisalmah* (75), *mušmah* (95), *samah* (106), *šangamah* (107), *sarmah* (108), *ša(g)mah* (113).

Significations : grande porte grande, vase grand, pierre grande, mur grand (= roi), arbre grand, bœuf grand, lieu grand (= tombeau), espace grand, serpent grand, corde grande (= filet), prêtre grand, plantation grande (= parc), cœur (= intérieur) grand.

En somme, 30 + 14 = 44 mots « sumériens », un tiers du total (136) environ traînent à leur suite l'épithète de grandeur ; fort peu d'entre eux apparaissent sans augmentation en leur état simple. Cette proportion de *mégalomanie* dans les emprunts est-elle naturelle? J'adresse cette question à tous ceux qui ont consacré quelque attention aux mots grecs adoptés par les littératures talmudique, syriaque et copte, s'ils ont remarqué la moindre analogie au phénomène en cause. Pour ne parler que de la première, on a bien donné droit civil aux termes grecs Archon, Hegémon, Kathedra, echidné (serpent), rhododaphné (Harduphné), etc., mais on y cherchera en vain les formes chargées : Archon megas, Hegémon megas, Kathedra megalê, echidnê megalè, rhododaphnê megalê, etc. L'épithète « grand » y serait éventuellement exprimée par l'adjectif national *rabbâ, rab'thâ*. On sait du reste que les adjectifs dont il s'agit : *gallu* et *mahhu*, dont les abstraits sont *gulu* et *muhhu*, sont foncièrement assyriens, et leurs abrégés GAL, GVL, MAH, MVH, ne figurent que des idéogrammes artificiels.

Autre curiosité plus générale encore. En dehors de l'adjectif « grand », dont il y a une pléthore excessive, *il n'existe pas un seul exemple d'augment adjectival* dans toute la série des 136 composés soumis à notre examen. Dans les emprunts faits au grec, nous avons une foule de compositions avec makros, « grand », mikros, « petit », kalos, « bon », kakos, « mauvais », dolichos, « long », brachys, « court », philos, « ami », etc., etc.; rien de tout cela dans notre liste. Pourquoi? Évidemment parce que nous ne sommes pas dans le cas d'un emprunt fait naturellement et instinctivement de la parole vivante d'un peuple voisin, mais d'une combinaison réfléchie d'idéogrammes maniables à volonté et obéissant à des exigences d'un ordre tout différent.

c) Substantif et verbe adjectival ou participe. Dans ces sortes de composés, le substantif est naturellement le complément direct du verbe et conforme aux modèles assyriens : *raggu maɩû*, « plein de méchanceté », *šanina la išu*, « n'ayant pas de rival », etc. Exemples : E-ME-TVG = *emetuku* = *lišânu išû* (38), IM-KAL-GA = *it(d)ukku* = *na'du-išû* (69), AZAG-GIM = *kut(t)immu* (77), *lamhuššu* (79), MA-LAH = *malahu* (82),

MIŠ-GAI. = *meśkalû* (87), MV-SAR = *musarû* (90), MV-ŠAR = *muśarû* (91), NAM-TAR = *śimta-śamû* (96), NA-RV = *narû* (97), *śamal-là* = *kîsu-naśû* (114), TV-KA-GA = *tuduku* (122), TAK-GIM-MA = *zadimmu* = *abnu-banû* (131), ZI-TAR-RV-DA, *zitarrudu napiśtu-paru'u* (136), AGA-NV (ou LA)-TIL-LA = *agalatillû* (5), MV-NV-IG-LA = *munu-kallû* (89). Je conserve ici l'analyse des adversaires, et que je n'admets point, mais il m'a paru nécessaire de faire sentir aux plus entêtés que, malgré leurs efforts, ils sont incapables de secouer les liens assyro-sémitiques qui enserrent les phonèmes sumériens, aussi bien du côté grammatical et lexicographique que du côté des exigences les plus délicates de la syntaxe particulière de cet idiome.

B) LES CAS PLUS OU MOINS DOUTEUX

Cette seconde série comprend 114 mots au sujet desquels M. Leander a été pris d'un doute qui lui fait honneur. Il n'en affirme pas l'origine « sumérienne », mais il la croit possible. On verra bientôt que, pour ce qui concerne un grand nombre d'entre eux, son choix est très peu motivé, souvent même pas motivé du tout. Nous n'aimons guère cette demande de crédit, surtout quand elle se répète sur une vaste échelle, et nous avions même pensé de retrancher de la liste à examiner tous ces numéros destinés seulement à faire nombre. Cependant l'intérêt du lecteur qui veut connaître tous les points de l'argumentation sumériste, même les plus futiles, m'a conseillé de laisser la série intacte et de la suivre dans l'ordre donné par l'adversaire. Afin d'épargner le temps et l'espace, je me bornerai à résumer d'une manière très concise les deux opinions soumises au jugement des lecteurs.

137. « Abul KÁ-GAL = *abullu*, « porte de la ville » (*Stadttor*). Le composé *abulmahu* (n° 2) favorise l'admission d'une dérivation sumérienne, mais ce n'est naturellement pas une preuve forçante, car il se peut que le mot sumérien ait été emprunté antérieurement à l'assyrien. » — Non. 1° *abul*, thème de *abullu*, vient de *abâlu* (r. ובל), « conduire »; KÁ-GAL, « porte-grande », est un simple idéogramme.

138. « A de(a), A-DE-A, *edû*, « flot » (*Flut*); a A peut

être *mû*, « eau » ; DE = ? — Si *editu* signifiait « inondation »
(*Ueberflùtung*), comme le pense Delitzsch, on sera obligé de
considérer *êdu* comme sémitique pur (*echtsemitisch*), mais la
signification de *editu* n'est pas sûre. » — Faux : 1° *edu* est
l'hébreu אֵד, « flot », aram. אדוחא, « vague » (r. אדו), d'où
aussi le nom du pays de *Ya'di* en haute Syrie ; 2° l'idéogramme
A-DE-A joue sur le mot réel *edû* et signifie « eau coulante »
(DE = *nabû*, « prophétiser », h. נבי, et « couler » (r. נבע).

139. « Aga MIR *agû*, « couronne, tiare, coiffure » (non
pas seulement *Kopftuch*). » — Faux : 1° MIR n'a jamais la
valeur *ag* ; 2° *agû* se présente des centaines de fois dans les
textes assyro-babyloniens et son sémitisme est garanti par le
verbe *êgû*, « serrer, enfermer, enclore », et comme substantif : « clôture, enceinte » (racines sémitiques עוג, עגג,
« tracer une ligne courbe et ronde ») ; 3° MIR vient lui-même
de *amâru*, « enchâsser, entourer » (*einfassen, umfassen*,
D. A. H. W., p. 91 *b*).

140. « Agar, A-GAR, *agaru*, « campagne, champ ». » —
Faux : *agar*, thème de *ugaru* (r. וגר, « champ, éminence »
(aram. יגרא, cf. שָׂדֶה, as. *šadû*) ; 2° A-KAR ou GAR, « eau-
faire », ne précise rien.

141. « Agargar(a), NVN-HA, *agargarû*, « pullulation de
poisson ». — Faux : 1° *agargaru* est une forme פעלעל de
agâru, « enfermer, enchâsser » (de même que *amâru*) ;
2° NUN-HA, « multitude-poisson », porte le cachet d'un idéogramme ; 3° NVN ressort de נון, « grandir, se répandre ».
L'origine de HA est encore à trouver.

142. « Agarin, DA-GAL-ṬV, *agarinnu*, « mère ». — Faux :
agarin n'est pas une valeur syllabique, mais l'abrégé du mot
réel *agarinnu*, dérivé de *agâru*, « enfermer, contenir », et
désignant le sein maternel (cf. אֵם, « mère » et (nh.) « matrice » ; as. *ummu*, « mère » et *ammâmu*, « clôture, enclos ») ;
2° DAGAL ou DAMAL *rapšu*, « vaste, large », rappelle l'arabe
ṭawla, ṭâla, « être long, étendu ». Il reste à trouver le type
de ṬV.

143. « Age(a), A-MI(-A), *agû*, « flot » (*Flut*). Littéralement

l'idéogramme signifie « eau opaque » (ṣalmu), mais L. préfère attribuer à MI = GI le sens malû, « emplir » et milû, « flot, inondation ». — Faux : 1° Ni « eau opaque » ni « eau-inondation » n'ont l'air d'un mot réel, car MI seul eût suffi tout autant que l'assyrien milû ; 2° agû étant un mot ordinaire en assyrien se rapproche facilement de אֲגַם, « lac, étang », prononcé agawu et contracté en agû. Cf. éth. ayg, « étang », aykh, « déluge ».

144. « Aggul, GAR-GVL, agg(kk, kk)ullu, « tranchant, hache et instrument analogue ». AG, « faire » + GVL, « destruction » (D.). » — Faux : 1° GAR ne se lit jamais ag (bonne remarque de L.) ; 2° « faisant destruction » pour dire « tranchant, hache » ne peut être qu'un composé artificiel » ; 3° aggullu ou aqqullu vient visiblement d'un instrument en forme de faux dont on se sert pour couper les inégalités du sol ; racine עָגַל, « être rond », ou עָקַל, « être courbe ».

145. « Ala, A-LÁ, alû, « un démon ». — Faux : 1° rien ne favorise la supposition d'une origine allophyle ; 2° A-LA(L), « eau-portant, ou ‡plein » est ridicule pour désigner un « démon » ; 3° l'hébreu אָלָה, « mauvais serment, malédiction », suffit provisoirement à l'expliquer.

146. « Alal, ALAL ou ŠID = allallu, elallû, alallû (peut-être), « récipient » (Behälter), cf. ID-LÁ-E, de dultu, « seau » (Schöpfeimer). » — Faux : 1° le sémitisme de alallû, alallû, est garanti par la variante elallu où l'indice de « eau », A, disparaît ; 2° ID-LÁ-E n'est qu'une variante de A puisque ID (de edu, « flot ») se lit aussi A.

147. « Anag, AN-NA = anaku, annaku, « plomb » (Blei). » — Faux : 1° le mot est commun à tous les Sémites et la variante éthiopienne nâ'ĕk prouve que le א fait partie intégrante du mot ; 2° le complexe an-na étant plus bref que an-na-ku, celui-ci en doit être le modèle, car les Sémites n'avaient aucune raison d'allonger le vocable étranger par un k ; 3° en hébreu אֲנָךְ désigne le cordeau à bout de plomb avec lequel on entoure la lisière du champ à mesurer (Amos, VII, 7-8), circonstance qui rappelle le sémitique עָנַק, « mettre autour du cou », substantivement, « collier, bijou de collier ». De même,

עָנַך signifie en arabe « être entassé, amoncelé, serré » ; bref אָנַך, עָנַק, עָנַך constituent une famille de racines sémitiques absolument certaines ; 4° les formes « sumériennes » *an-na*, *nag-ga*, *nig-gi* sont des mutilations du mot vrai, et ne comportent aucun sens raisonnable. La source du synonyme *em-ma*, *e-mu*, reste encore inconnue ; quant à l'arménien *anag*, il vient de l'araméen אנכא.

148. « Andul, AN-ŠVR *andullu*, « ombre, protection ». — Faux : ŠVR ne se lit pas *dul* ; L. le reconnaît lui-même. Voir *antalu* (n° 11).

149. « Anšar, AN-HI, (*ilu*) Ašur, « dieu Ašur » ; AN, *êlu*, « haut, élevé », ŠAR *kiššatu*, « totalité », donc la partie supérieure de l'univers. » — Faux : 1° *Ašur* vient de *asâru* (אשר,) « être bon, gracieux » (H. W. 148 *a*), *aśru*, « bon, gracieux ; 2° l'idéogramme AN-HI, « dieu bon », représente la même idée ; 3° les divinités assyriennes sont les enfants du chaos (*Tiamat* תְּהֹם, « abîme, mer », dont le nom est du sémitisme le plus pur) ; la déesse sémitique aurait donc enfanté des dieux allophyles ? 4° lors de la période du chaos, il n'y avait ni haut ni bas, points qui ne prirent existence que grâce à la division du corps de Tiamat en deux moitiés, supérieure et inférieure. J'ai vraiment honte d'avoir à rappeler ces choses élémentaires.

150. « Apin, IŞ APIN, *epinnu*, « pièce d'arrosage, arrosoir » (*Bewässerungsanlage*). » — Faux : 1° le mot réel est pourvu d'un *e* initial, tandis que l'A de l'idéogramme a pour but d'indiquer l'idée de l'eau, conformément au synonyme assyrien *narṭabtu* de רטב, « être humide, mouillé » ; 2° l'origine assyrienne est garantie par le dérivé *upuntu*, « eau pour humecter la bouche ».

151. « Arali, A-RA-LI, É-KVR-BE, VRV-GAL, *aralû*, *arallû*, *arallu*, « monde des morts » (*Todtenwelt*). » — Faux : 1° les deux derniers idéogrammes signifiant respectivement « maison-montagne-mort » et « ville-grande » n'ont rien à voir ici, puisqu'une forme *ekurbû* n'existe pas et qu'en assyrien *urigallu* désigne tantôt le frère aîné, tantôt une haute classe de prêtres et nullement le pays des morts ; 2° j'ai depuis long-

temps rapproché *arallu*, « pays des morts », de עֲרֵלִים,
« morts, trépassés » (Ézéchiel, xxxii, 19, 21, 24-32). A ce
sujet, M. Leander commet une imprudence assez singulière.
D'abord il traduit le mot עֲרֵלִים de ce passage par le sens ordinaire de « incirconcis », ensuite il ajoute que mon rappro-
chement est trop téméraire (*Die Zusammenstellung Halévys
von diesem Worte und hebräischen* ᶜAREL *unbeschnitten* — Ge-
senius 13, 641 *b* — *ist jedenfalls zu Kühn*). Il ne sait donc
pas 1° que ma traduction, qui d'ailleurs est déjà celle de Raši,
offre « morts, trépassés » au lieu de « incirconcis » ; 2° que dire
en parlant de guerriers incirconcis tombés au champ de ba-
taille : « ils sont descendus *incirconcis* au pays inférieur » (אֲשֶׁר
יֵרְדוּ עֲרֵלִים אֶל אֶרֶץ תַּחְתִּיּוֹת, v. 24), ou « ils coucheront *incirconcis* avec ceux qui ont été transpercés par l'épée »
(וַיִּשְׁכְּבוּ עֲרֵלִים אֶת חַלְלֵי חֶרֶב, v. 30) est au plus haut
point ridicule ; 3° que le ridicule est encore plus désopilant si
l'on traduit la phrase שְׁתֵה גַם אַתָּה וְהֵעָרֵל (Habacuc, ii, 16)
par « bois (la coupe de Yahwé) toi aussi et deviens *incirconcis* ». Mais laissons là l'exégèse de M. L.; constatons simplement le fait que עָרֵל dans le sens de « mort, trépassé » est
encore assuré par le verbe נֶעֱרָל et de plus par la racine
apparentée רעל, d'où רַעַל, « poison mortel », tandis que le
A-RA·LI « sumérien » n'offre que le composé pédantesque :
« eau-inondation-terre », exprimant seulement l'idée vague que
l'Hadès est au-dessous de l'abîme.

152. « Ari, uri, A-RI, V-RI, *aru*, « ennemi » (*Feind*). » —
Faux : 1° les idéogrammes signifient tout au plus « fils-sou-
levé » et « seigneur-soulevé », manière d'exprimer fort peu
naturelle dans une langue véritable ; 2° *aru* coïncide parfaitement avec l'hébreu עָר, « adversaire, ennemi ».

153. « Azalag (amel), KV-VD, *ašlaku*, « laveur, blanchis-
seur » (*Wäscher*). » — Faux : 1° A-ZA-LAG, « eau-pierre-
blanc », se caractérise comme un idéogramme vague ;
2° *ašlaku* vient de שלך qui, à en juger par le verbe הִשְׁלִיךְ
doit signifier approximativement « pousser, agiter » ; mais le
sens exact de *ašlaku* reste encore très douteux.

154. « Bal(a), BAL, *palû*, « un insigne de la royauté (une hache?); année de règne » (*eine Insignie der Königswürde, Regierungsjahr*). » — Faux : 1° c'est le mot réel *palû* qui a donné l'idéogramme BAL, PAL ; 2° le caractère idéographique de BAL se manifeste indubitablement par ce fait que en même temps que *palû*, il représente encore ces trois mots fortuitement homophones (*na*)*bal*(*kutu*), « dissension, révolte », *pilakku*, « fuseau » et *pilaqqu*, « hache », issus des racines différentes פלא, בלכת, פלך et פלק, qui en sémitique seul ont le sens fondamental de « séparation ». Cf. les autres homophones פלי, פלט, פלח, פלג, בלק.

155. « Barsig, BAR-SIG, BAR-SI, *parsigu*, *paršigu*, « bande, bandeau, bandage (*Binde*) ». — Faux : 1° Le dissyllabe « sumérien » n'offre aucun sens convenable ; 2° la forme abrégée BAR-SI pour BAR-SIG en atteste le caractère artificiel (cf. les noms de lettres, *a* de *alpha*, *bé* de *bêta*, etc.) ; 3° *parsigu*, *paršiqu* est un quadrilitère assyrien formé comme *parzillu*, *paršumu*, *harbašu*, *paltigu*, etc., dans lesquels la lettre liquide *r* ou *l* peut résulter d'une insertion adventice.

156. « Billud, PA-AN, *billudu*, « commandement, ordre divin » (*göttliches Gebot*). » — Faux : 1° PA seul n'a pas la lecture *billud* ; 2° *billudu* vient d'une racine בלד et פלד, qui existe dans plusieurs langues sémitiques. Le sens de « borné », propre au بليد arabe, répercute le sentiment de bédouins hostiles aux habitants sédentaires des villes (*balad*). En réalité, les citadins ont relativement les qualités de vivre sous des lois indiquant un état de civilisation plus avancé.

157. « Bugin, BVGIN (= NIGIN + GAR inséré) *buginnu*, « panier à pain » (? *Brotkorb*). » — M. L. remarque que BV-GIN ne donne aucun indice. en outre, le sens exact du mot reste encore inconnu.

158. « Bunin, BVNIN, « bol, cruche » (? *Schale, Krug*). » — Même remarque.

159. « Bur, DVK-BVR, *buru*, « un vase » (*ein Gefäss*). » — Faux : Il s'agit visiblement d'un vase profond ayant quelque analogie avec une « fosse » ou un « puits » (*bûru*, בּוֹר, באר).

160. « Bura = (*nâr*) *Purâtu*, *Purattu*, « Euphrate ». —
Faux : *bura*, ou plutôt *Pura*, est abrégé du nom réel. Cf. פְּרָת.

161. « Dimenna, TE-ME-EN; *temmennu*, *temennu*, *temmenu*,
« document de fondation, fondement » (*Grundlegungskunde,
Fundament*). » — Faux : la circonstance que TE seul équivaut
à *temennu* montre à tous ceux qui veulent voir, qu'il s'agit d'un
idéogramme ; 2° le mot en cause peut parfaitement venir de
אמן, « être ferme » (*fest sein*); le redoublement du *m* dans
deux exemples n'a pas plus d'importance que la réduplication
du *n* dans le même nombre d'exemples.

162. « Du, DVL, *di'u*, *dû*, « cabinet des dieux » (*Götterge-
mach*). » — Faux : 1° *dû* présente une réduction de *di'u* (Delitzsch) et L. même n'est pas loin de l'admettre ; 2° DVL découle du mot connu *dulu* (inscr. d'El-Amarna), « palais divin,
sanctuaire », r. דול, ar. *daula*, « pouvoir, gouvernement ».

163. « Dubšig = *dupsikku*, *tupsiku*, « objet (coussinet?)
que les maçons portent sur la tête et symbole de la corvée »,
rappelant le כסת הסבלין de la Mišna (Delitzsch). » —
Faux : les deux éléments *duppu*, « tablette, planche » (דָּף,
רַדְּפָא, r. דפף) et *śikku*, r. שכך, dont le sens précis laisse encore à désirer. On doit même se demander si *tupśikku* ne
vient pas de פשך.

164. « Dubšin = *tupśinnu*, « tablette de cuivre ou de
bronze ». — Faux : les deux éléments *duppu* et *śinnu*, « métal brillant, cuivre » (r. שׁנן) sont sémitiques.

165. « Dubus(š)sa, DVB-Vš-SA = *dubussu*, *dubbussû*,
« frère plus jeune » (*Jüngerer Bruder*). M. L. ajoute: il est
à présumer (*Vermuthlich*) que *dub* se rattache d'une manière
quelconque à *dum* TVR, « fils »; Vš-SA, *quttinnu*, « plus
jeune » (*jünger*). Ainsi, au propre = « le fils plus jeune »
(*der jüngere Sohn*). » Deux points à noter : 1° Vš, Vš-SA et
DVB-Vš signifient tous les trois *emidu*, « apposer, superposer,
imposer »; 2° SAL-Vš-SA = *tirhatu*, « dot, trousseau de femme ».
Peut-on penser à un frère né d'une autre femme ou d'une
concubine? En tout cas, *dubussu* semble répondre à l'arabe
دبش, « éplucher, rejeter », en sorte que ce mot indiquerait

un homme de rang inférieur. Cette conjecture semble justifiée par l'équation connue : vš (*nitahu*) $=$ *emidu*, « homme soumis, asservi ».

166. « Dum(u)-zi, TVR-ZI(-DA) $=$ (*ilu*) *Du'uzu, Dûzu*. Peut-être dum TVR *mâru*, « fils » $+$ zi ZI *kênu*, « permanent » (*beständig*). » Notez l'insipidité de cette interprétation. La forme sémitique du nom est l'hébréo-phénicien תַּמּוּז, se raccordant pour la forme à תַּנּוּר pour תָּנוּר, *tanwûr*, r. נוּר . תַּמּוּז est ainsi contracté de תַּמְוֻן, racine מוּן on מִין, « séparer, distinguer «, d'où *tamyîz*, « séparation, distinction ». Les allusions mythologiques peuvent être laissées de côté. Quant à la forme assyrienne, il n'est pas difficile de s'en rendre compte : *tawyuzu*, après l'adoucissement du *t* en *d* (cf. *nadânu* $=$ *natanu*), devint *Duw'uzu*, puis *du'uzu, dûzu*. Enfin, l'idéogramme TVR-ZI(-DA), « enfant véritable », paraît vouloir, au moyen d'un jeu graphique, produire l'impression de regret envers un dieu mort à la fleur de l'âge.

167. « Duši(a), TAK GAR-ŠI-A, *dušû*, « une pierre précieuse » (*ein Edelstein*). » — Faux : 1° *dušû* rappelle le mot sémitique דֶּשֶׁא, « plante, verdure » ; 2° GAB ($=$ DV)-ŠI offre l'absurdité « poitrine-œil ».

168. « Edin, EDIN, *edinu*, « plaine, steppe » (*Ebene, Steppe*). » Il n'y a pas de preuve que *edinu* désigne un désert tout à fait aride ; on ne peut pas non plus affirmer que ce mot ait quelque chose de commun avec l'hébreu עֵדֶן, « agrément, Éden ». On peut le rapprocher de *adattu* $=$ *adantu* (pl. *adnâti*), « lieu habité, habitation, établissement (situé dans la plaine) », r. אֲרַן.

169. « Ege(i)zag(ga), E-GI-ZAG-GA, *egizaggu, egizangû*, « une parure en pierres précieuses » (*ein Schmuck aus Steinen*). EGI $=$? zag pourrait être apparenté avec azag, AZAG, *ellu*, « brillant » (*glänzend*). » — Faux : les deux éléments appartiennent au sémitisme. 1° EGI de *egû*, « enfermer, entourer » (*einschliesen, unfassen*), et substantivement « châsse, enclos » (*Einfassung, umschliessung*) ; 2° azag fait partie de la

famille des racines זנג, זכך, זקק, qui expriment en commun l'idée de pureté et de splendeur.

170. « Engar (amel), APIN, *ikkaru*, « campagnard, paysan, laboureur ». — Faux : 1° *engar* a pour base *ikkar(u)* avec insertion de *n* et adoucissement de *k* en *g*; 2° l'idéogramme opère le jeu de mots *en* (« seigneur, maître, possesseur ») + *gar*, de *agar* (« champ, campagne »), mais les types respectifs *enu* et *ugaru* sont tous deux des mots assyriens (39 et 140).

171. « Eridu[gga], NVN-KI(-GA) = (*alu*) *Eridu*. L'étymologie des Babyloniens, er(i), *âlu*, « ville » + dug, *ṭabu*, « bon », est peut-être exacte. » — Faux : 1° même avec cette étymologie, les éléments *er*, « ville » (h. עיר, 42) et *dûg*, « bon » (r. דמק, ריק) demeurent assyriens; 2° NVN-KI, « grand + lieu », sert d'épithète à la ville d'Eridu, mais n'a aucune attache au nom même.

172. « Erkud, IR-KVD, *îrkû*, « pieu » (? *Pfahl*). D'autres assyriologues donnent à *irkû* le sens de « corde », mais le fait que ce mot vient de ארך, « être long », n'est pas douteux. Dans cette circonstance, il est inutile de s'escrimer sur l'analyse de l'idéogramme.

173. « Gal(la) TE-LÁ, *gallû*, « un démon ». — Faux : 1° TE n'a jamais la valeur *gal*; 2° la racine de *gallû* peut être גלל ou קלל.

174. « Kar, KAR, *karru*, « manche » (*Griff*). » Sens très douteux. Cf. héb. כַּר.

175. « Gardub = *karduppu*, « manche de tablette » (? *Tafelgriff*). » — Les éléments *karru* et *duppu* sont du meilleur sémitisme.

176. « Gebar, IS-MI-PAR, *giparu*, « un arbre » (*ein Baum*).» La graphie MI pour GI, « noir », en prouve le caractère artificiel.

177. « Gebar, IS-MI-PAR, *giparu*, « espace enfermé (? *eingeschlossener Raum*. Jensen), campagne, champ » (*Gefield, Feld*). » — Même mot que le précédent; héb. גֶּפֶר, ar. *gafr*, « puits », *gafra*, « pourtour, circuit ».

178. « Gišgal, GIŠ-GAL, *gišgallu*, « place, lieu où l'on se tient » (*Stätte, Standort*). » — Faux : Les deux composants sont sémitiques. Voir n°ˢ 1 et 48.

179. « Gudu(a), TIG-GAB-A-KI, (*alu*) *kûtû*, « la ville de Kutha » (כּוּת). » — Faux : 1° le nom réel est *Kutu* et non pas *Gudu*; 2° cette forme eût dû se conserver d'autant plus le sens religieux de *gu-du-a-ki*, savoir : ku TIC *kisâdu*, « cou » (*Hals*) + du GAB *labânu*, « prosterner » (*niederwerfen* (+ ki, « lieu, ville », *Ort, Stadt*), voulant dire « ville de la prosternation de la face = de la prière » était, comme le pense M. L., le résultat d'une étymologie populaire; 3° cette étymologie hautement absurde sent de loin l'effort de scribes pédants pour donner une importance religieuse à cette ville.

180. « Gug, LV, *ḫukku*, « une espèce de farine » (*eine Art Mehl?*). » C'est par simple préjugé que l'origine assyrienne du mot est révoquée en doute, malgré la longue série de formes analogues : *mukku, ruḳḳu, tukku*, etc.

181. « Gugal, TIG-GAL, *gugallu*, « maître, dominateur » (*Beherscher*). » L. repousse avec raison l'image de *maḫru-rabu*, « front grand », d'autant plus que le sens de « front » pour *maḫru* a besoin d'être confirmé; il pense plutôt à une contraction pour *gud-gallu*, « taureau grand »; il a seulement oublié que ces mots sont assyro-sémitiques. Voir n° 56.

182. « Gur, KVR, *kurru*, « la plus grande mesure pour blés et figues, cor ». — Faux : 1° la forme assyrienne montre un *k* au lieu de *g*; 2° l'orthographe arabe *kurru*, ne pouvant venir directement de l'assyrien, prouve que le mot appartient au sémitisme général.

183. « Guza, IS-GV-ZA, *kussû, kursû*, « trône » (*Thron*). » Voir n° 58.

184. « Guzal, VR-SAG-TVG, *guzallu*, « puissant, plénipotentiaire » (*Machthaber*). » — Faux : 1° l'idéogramme s'analysant : « Jeune-sommet-possédant », n'a phonétiquement aucun rapport avec *guzallu* qui n'est qu'une légère variante de *gazalû* (n° 59).

185. « Halba, LÁL-HAL, ZA-SVKVŠ, DI-ŠE, *halpû*, « froid, glace » (*Kälte, Eis*). » — Faux : 1° aucun de ces idéogrammes

n'assonne à *halpu* ; 2° en assyrien *halâpu* (חָלַף) signifie « couvrir, revêtir » ; en l'espèce il s'agit de la croûte de glace qui couvre les nappes d'eau par suite du froid.

186. « Hargul = *hargullu* = (peut-être) « fils d'un notable » (*Sohn eines Vornehmem*). » — Faux : 1° signification très incertaine ; 2° en cas affirmatif même *har* se déduirait de חֹרִי, « personne libre » ; *gullu* offre notoirement une variante de *gallu*, « grand ».

187. « Huldub(ba), IS-HVL-DVB(-BA), *hulduppû*, « un vase à propitiation » (*ein Sühnegerät*). » — Faux : 1° *hul(u)*, « mauvais, mal », répond à l'hébreu חֳלִי, « mal, maladie » ; *duppû* rappelle רָפַף, חָפַף, « frapper », دَقّ, « briser, broyer » ; l'ensemble présente donc une composition purement sémitique.

188. « Ig, IG, *iqqu*, « porte » (*Tür*). » — Faux : ce nom découle de *eqequ*, « fermer, boucher » ; racine אָקַק. Rapporté à la bouche, il signifie « se taire». De là *uqququ*, « muet ».

189. « Igigi, AN-YA-MIN, *igigi*, « sept esprits gardiens du ciel ». — Faux : 1° une étymologie sumérienne telle que *i* (= YA), « cinq » + *gi*, « un » + *gi*, « un », est inadmissible, et L. même l'avoue ; 2° *igigi* ressort de *agâgu*, « être fâché, se mettre en colère, s'emporter ».

190. « Igisa, ŠI-DI, *igisû*, « don, cadeau » (*Gabe*). » — Faux : 1° *igi-sa*, « œil-juger (?) », ne saurait être un mot populaire pour dire « don, cadeau » ; 2° *igisu* est un substantif formé de la racine קִישׁ (prononcée aussi *gês*), « donner, faire un cadeau », au moyen du préfixe *i* = י, en écriture alphabétique יקִישׁ.

191. « Imrige = *imriqqu* (peut-être) « un vent » (*ein Wind*), im, *šaru*, « vent » + ri, *zâqu*, « souffler, venter » + ge, suffixe. » — Faux : *imriqqu*, si la lecture est exacte, peut venir de עָרַק, « courir, marcher rapidement, s'enfuir ».

192. « Išib, ME, *išippu*, « magicien, prêtre » (*Priester*). » L. ajoute la stupéfiante remarque suivante : « L'origine sémitique de *Asâpu* (cf. אָשַׁף), « faire des conjurations magiques », est, il est vrai, assurée par le dérivé primordial *šiptu*, « conjuration, incantation » , mais *išippu* ne saurait être conçu comme

une dérivation de *asâpu.* » (*Der semitische Ursprung von* AŠAPV, *beschwören, ist zwar besonders durch aus ursemitischer Zeit stammende Ableitung* ŠIPTA, *Beschwörung, über jeden Zweifel erhaben. Aber* IŠIPPV *dürfte nicht als Ableitung von* AŠAPV *aufzufassen sein*). Le motif n'étant pas donné, nous sommes donc en présence d'une affirmation aussi arbitraire que toutes les autres. La suite montre que la subtilité rabbinique a passé dans le camp des sumóristes : « Par contre, on peut admettre que (*i*)*šib* est un mot emprunté (par les Sumériens) aux Sémites (= *šiptu*), qui plus tard, sous une modification de sens qui peut être en connexion (?) avec l'apparition du *i*, a été rapporté à l'assyrien » (*Dagegen kann man annehmen, dass* (I)SIB *ein semitisches Lehnwort ist* (ŠIPTV), *welches später — unter einer Bedeutungsmodifizierung, mit der das Auftreten des ɪnlautenden* ɪ *vielleicht zusammenhängen könnte — dem Assyrischen auf diese Weise zurückgebracht wurde*). L'auteur a de nouveau oublié de nous dire d'où vient cet *i* inattendu et pourquoi la syllabe finale *tu* a été omise. En réalité cette finauderie a pour but de sauver l'existence des Sumériens. Sans cette arrière pensée, M. L. aurait jugé comme nous : 1° que les qualités de prêtre, magicien, voire souvent même celle de chef de la tribu, étaient réunies dans une seule personne ; 2° que *išippu* est aussi régulièrement constitué que *gimillu* (גמל), *nigissu* (נגש, נקש), *kibirru* (קבר), etc.

Ajoutons un mot : *išippûtu* signifie « magie » dans le passage connu : *pika ina išippûti ipti*, « il (le dieu) a ouvert la bouche (il s'agit d'un mort) par la magie (= une parole magique) », et nullement par opération de prêtre (*mittelst Priesterwerk.* D.), ou « prêtrise, sacerdoce » (*Priesterthum.* L.).

193. « Išum, AN-PA-SAG-MAL, AN-I-ŠVM (*ilu*) *Išum* ; i, ɪ, *nâ'du*, « sublime, terrible » (*erhaben, furchtbar*) + šum, ŠVM, *ṭabâhu*, « égorger » (*schlachten*). » — Par malheur *na'du* (ou *na'idu*) signifie toujours « élevé, magnifié, exalté, digne d'éloge », jamais, au grand jamais, « terrible ». Pour le fond, M. L. avoue lui-même que la lecture ɪ-ŠVM n'est pas encore certaine, car ce peut être un idéogramme.

194. « Kam, ŠV-KAD, *kammu*, « écrit, document » (*Schriftstück*). » — Faux : 1° *kammu* vient de *kamû*, « lier, relier »

(*binden*), et répond à l'expression moderne « fascicule » (*Band*); 2° l'idéogramme fondamental KAD signifie également *qaṣâru* (קצר), « lier », et remonte visiblement au sémitique עקד, אגד, qui a le même sens.

195. « Kana, (iṣ)-KÁ-NA, *kanakku, kanaku*, « une partie de la porte » (*ein Teil der Türe*) : ka, KÁ, « porte » (*Türe*) + na, NA = ?; *kku, ku*, viendrait du suffixe d'appartenance sumérien *ge*, » (*kku, ku würde aus dem sumerischen Zugehörigkeitssuffix -ge stammen*). — Faux : 1° KÁ seul signifie déjà « porte », au pluriel KÁ + pl. ou KÁ-KÁ, preuve mathématique d'idéogramme ; 2° KÁ-NA apparaît toujours sans le suffixe supposé; 3° la racine *kanâka*, très usitée, signifie en assyrien « sceller, pousser à bas » (cf. aram. כנך, « baisser, abaisser »), d'où les dérivés *kunukku, kunuku*, « sceau », *kingu*, « le sol de la porte ». Il n'y a pas de raison suffisante pour écrire avec Delitzsch כנק.

196. « K̇ar(a), KAR, *kâru*, « rempart, mur ». — Faux : *kâru* est la forme masculine de קֶרֶת ; cf. קרתחדשת, « ville-neuve », Carthage; מלקרת (pour מלך־קרת, « Roi-de-ville, Melcarth, etc. ».

197. « Kibur, KIN-BVR, *qiburru*, « nid d'oiseau » (*Vogelnest*) ; ki, KI, *aśru*, « lieu » (*Ort*) + bur...? » — Faux : *kiburru*, « nid », est ainsi nommé par son analogie avec un van ou une passoire, כְּבָרָה.

198. « Kidudu, KI-DV-DV, *kidudê* (pl.), « statut, coutume » (*Satzung*?). » — Faux : 1° le verbe *kadâdu* (כדד) existe en assyrien; 2° l'analyse idéographique KI-DV-DV, « lieu-aller-aller », rappelle pour le sens talmudique הֲלָכָה, « allure, coutume générale ».

199. « Kihul, KI-HVL, « deuil » (*Trauer*), *kihullû, kihulû*, ki, « lieu » (*Ort*) + hul, HVL, *limuttu*. » — Faux : *kiu* et *hullu* sont l'un et l'autre des vocables assyro-sémitiques. Notons, en outre, que, dans un grand nombre de cas, le mot *ki*, « lieu », répond à « état ou circonstance »; c'est aussi souvent le cas de מקום dans le Talmud; exemple : אל תדין את חברך עד שתגיע למקומו. « ne condamne pas ton prochain

avant que tu arrives à sa place », c'est-à-dire « avant que tu puisses te rendre compte de son état, des circonstances au milieu desquelles il vit ».

200. « Kikur, KI-KVR, *kikurru*, « arche sainte? » (? *Götterschrein* ?), ki, « lieu » (*Ort*) + ...? » — Faux : *kikurru* correspond à l'hébreu כָּכָּר (pour כרכר), « arrondissement, cercle », et semble désigner un édicule de forme ronde; r. כרך, « être rond ».

201. « Kisa, KI-DI, *kisû*, « plaine, surface » (*Fläche*); ki, « lieu » (*Ort*) + sa DI ...? » — Faux : *kisû* est un lieu entouré de statues ou d'autres objets d'ornementation; r. *kasû*, « enfermer, enserrer » (*vom Einschliessen so benannt.* Delitzsch).

202. « Kisal, KISAL, *kisallu*, « espace pavé » (*gepflasterter, Raum*) : KI, « lieu » + SAL...? » — Faux : en araméen כסלא désigne un terrain traversé de sillons.

203. « Kisig(ga), KI-SE-GA (Emesal), *kisikku*, « demeure, domicile » (*Wohnraum*); KI, « lieu » + sig SE = ? » — Faux : 1° le sémitisme de *kisikku* est prouvé par la coexistence du mot légèrement varié *kisukku*, « prison »; 2° la racine כסך ou כשך se constate dans le *piel tukassak* ou *tukaśśak* (V. R., 45, col. IV, 54).

204. « Kisur(ra), KI-SVR(-RA), « domaine » (*Gebiet*); KI, « lieu » + SVR = ? » — Faux : *kisurru* se superpose presque complètement à *kusurrû*, « lieu enfermé, (peut-être) haie »; r. *kasâru* (כסר), « barrer, endiguer ».

205. « Kisur, KI-SVR(-RA), *kisurru*, « profondeur, monde souterrain » (*Tiefe, Unterwelt*). » — Faux : même mot que le précédent; l'Hadès est un lieu fermé de toutes parts.

206. « Kišib = *kisibbu*, « sceau » (*Siegel*). » — Faux : tout présume le sémitisme de ce mot qui offre « en sumérien » le sens ridicule de KI, « lieu » + SIB, « berger, pasteur ».

207. « Ku, KV = *kû* = *subatu*, « vêtement » (*Kleid*). » — KV se lit encore *tug*, *tu*, *te*, et, de plus, la forme complète de l'idéogramme est KV-BA; il faut donc encore chercher la vraie lecture.

208. « Kurgar(ra), KVR-GAR(-RA), *kurgarû*, — (peut être) « eunuque » (*Eunuch*). » — Très douteux.

209. « Lagar, LAGAR, *lagaru*, « une classe de prêtres »
(*Tempel — oder Priester — Diener*). » — Faux : le mot est purement assyrien. Cf. Descente d'Ištar : *enu u lagaru*, « seigneur
et prêtre ».

210. « Lahan = *lahnu*, *lahannu*, « un vase, une tasse »
(*ein Gefäss, Schele*). » — Après Grimme, L. rapproche lui-
même l'éthiopien *lekuent*, « bouteille ».

211. « Lil(la), LÍL-LÁ, *lillu*, « un démon » (*ein Sturmdä-
mon*). » — Faux : le féminin *liltu* = héb. לִילִית prouve l'origine sémitique.

212. « Mammi, ZA-SVKVŠ-DI, *mammû*, « orage de grêle
et de neige » (*Schauer*). » — Faux : c'est le même mot que
mammû, « colère, fureur ». Cf. héb. זַעַף, « colère, orage ».

213. « Mâš, MAŠ, MAŠ-MAŠ, MAŠ-TABBA, *mâšû*, « jumeau »
(*Zwilling*). » — Faux : 1° Le caractère idéographique de
MAŠ (tiré de *mâšû*), est attesté par les autres variantes signifiant respectivement, sans que L. nous l'avoue : « jumeau +
jumeau » et « jumeau + deux » ; 2° à en juger d'après ces
formes composées, MAŠ ou BAR signifierait plutôt « moitié »,
et viendrait de *mašlu*, *mišlu* (מִשְׁל) ; 3° pour la lecture BAR
milite le fait que le chiffre XXX, glosé *ba-a*, équivaut à *miš-
lum* ; or, *ba* n'est que l'abréviation de BAR.

214. « Melam, ME-NE, *melammu*, *milammu*, *melimme*,
« splendeur » (*Glanz*) : *me*, ME, « splendeur » (*Glanz*) + lam,
NE (une lecture inconnue partout ailleurs de l'idéogramme
NE), « feu ». — Faux : 1° « splendeur + feu » pour exprimer
« splendeur » est un procédé de bavardage inutile ; 2° *melammu* découle visiblement d'une racine לָמַע, qui signifie
« briller » en arabe.

215. « Mes, IS-MIS, *mêsu*, « un arbre » (*ein Baum*). » —
Cf. ar. *maus*, « bananier ».

216. « Mušlah, MVŠ-DV-DV, *mušlahhu*, *muššulahhu*,
« (probablement) charmeur de serpents » (*Schlangenbeschwö-
rer*) : muš, MVŠ, « serpent » + lah, LAH...? » — Faux : les
deux éléments sont assyriens. Pour *mûšu*, voyez n° 90 ; le mot
lahhu ou *lahu*, « conduire », rappelle l'hébreu נָחָה ; l'échange
des liquides *n* et *l* se constate dans un certain nombre
d'exemples.

217. « Nanga, LÁL-KIL, *nagû*, « île, terrain entouré de canaux, canton » (*Inseln, ein Stück Land welches von Kanälen umgeben ist, Bezirk*). » — Faux : 1° LÁL n'a jamais la valeur de *nan*, ni *kil* celle de *ga*; 2° *nagû* est l'araméen נַגְוָא, qui traduit l'hébreu אִי, « île, péninsule, etc. »; les formes arabes *nigâ'*, « abri, refuge », et *nigâwat*, « plateau », découlent également de la racine נגו. Le *n* de *nanga* est adventice.

218. « Ne GAB = ilu NEGAB. » — Faux : voyez n° 99.

219. Nindana, GI NINDA-NA, GI-NINDA-GÁN, *nindanaqu*, « roseau à mesurer » (*Messrohr*) : GI, « roseau » + NINDA, « bâton à mesurer » + NA...? + *qu*, suffixe sumérien *ge*. » — Faux : 1° La nature idéographique des deux groupes synonymes se constate par l'abandon de GÁN dans le premier et par celui de NA dans le second; 2° GÁN, « champ entouré d'un fossé ou d'une haie », vient indubitablement de *gannatu*, « terrain enclos, jardin », mot sémitique général; racine גנן, « entourer, protéger »; 3° NINDANA se montre déjà au premier aspect comme artificiellement formé de la racine *nadânu*, « donner, offrir un cadeau », et notamment des substantifs *nidnu, nidintu*, « don, cadeau », et *nudunu*, « don, dot » (héb. נֵדֶן, נֵדֶר); 4° l'assyrien *qû* = héb. קַו représente une mesure assyrienne et désigne en conséquence une quantité plus ou moins déterminée. On connaît l'expression VIII GI *pl.* = *qanê ša abišu ana nudunnie iddaššu* (D. H. W., 451 *b*); 5° l'idéogramme GÁN fait voir qu'il s'agit particulièrement d'une mesure de terrain.

Il faut fermer les yeux pour méconnaître à la fois le caractère artificiel et foncièrement sémitique de la composition de ces groupes bizarres.

220. « Nisib = *nisibbu, nisibu*, « une certaine mesure d'huile » (*ein bestimmtes Œlmass*); ni *šamnu*, « huile » (*Œl*) + sib...? » — Faux : 1° Dans tous les passages où on le rencontre, *nisibu* est toujours suivi de l'expression *ša šamni*, précision qui serait inutile si le mot contenait déjà l'idée de « huile »; 2° *nisibu, nisibbu*, découle de נסב (en ar. « prendre, comprendre »); 3° cette racine donne, en assyrien même, deux autres noms de vase : *nassabu* et *nisibtu*.

221. « *Nubanda*, NV-IVR-DA, *labuttû*, *lubuttû*, « le président » (*Vorsteher*) peut-être : nu + *zikaru*, « homme »
(*Mann*) + banda, TVR-DA *eqdu*, « puissant » (*mächtig*). » —
Faux : 1° « homme puissant » n'a rien de commun avec l'idée
de « préséance »; 2° si l'on attribue à NV la valeur *la* qu'il a
parfois, l'élément « homme » disparaît, et le composé signifie
« non (*la* est en tout cas la négation sémitique!)-fort », sens
qui va encore plus mal avec la conception de « président »;
3° *labuttû*, *lubuttû*, constituent des adjectifs dérivés de *libittu*
désignant, dans le sens spécial, « le carré de pierres qu'on
pose sur les fondements de l'édifice à construire, une sorte de
plancher carrelé », racine *labânu*, « se jeter à plat sur le sol,
en attitude d'adoration ». La brique *libittu* (pour *libintu*,
לְבֵנָה) emprunte également à l'idée d'être mise à plat sur le
sol ; 4° cette idée de superposition disparaît dans le phonème
artificiel dont la lecture primitive était *labanda*, mais le signe
NV eut la préférence afin d'obtenir le sens inéluctable de
« homme »; 5° enfin, pour ce qui concerne le phonème BANDA,
il a pour base l'assyrien *bandû*, qui a toute chance de signifier « jeune, fort ».

222. Nuhadim = *nuhatimmu*, « boulanger » (*Bäcker*);
(peut-être) nu *zikaru*, « homme » (*Mann*) + hadim = ? » —
Faux : 1° une composition « sumérienne » offre littéralement
au choix les sens suivants : « non-poisson-construire, homme-
poisson-construire, homme-poisson-comme », et cette triple
imbécillité désignerait le boulanger! Mes compliments aux
suméristes ; 2° c'est probablement dans le but de se soustraire
à ces compliments que M. L. ajoute une nouvelle signification
possible, à savoir celle de « pourvoyeur de provisions » (*Speise-
meister*); mais, pour ne pas arrêter l'approvisionnement au
seul article de poisson, il faudrait attribuer à *dim* ou *tim* le
sens de « viande », et le complexe « homme-poisson-viande »
dirait au moins quelque chose à l'esprit.

223. « Nukuš(ša), NV-KVš-V, *nukusû*, (peut-être) « la
lisière de la porte » *das Türband*) : NV = *là*, « non » (*nicht*)
+ *kuš* nâhu, « reposer » (*ruhen*); donc = « sans repos »
(*ruhelos*). » — Faux : la racine נָפֵשׁ, « s'agiter, s'entre-cho-

quer », très usitée en araméen, doit exister aussi en assyrien, bien qu'on ne l'ait pas encore rencontrée dans les textes connus.

224. « Sur(ra), SVRRV, *surrû* ou *śurrû*, « prêtre » (*Priester*). » — Voyez n° 111.

225. « Šagtur, ŠÁ-TVR, *śagdurrû*, *baśmu*, « serpent » (*Schlange*) : SAG, « milieu », *durru*, « cour » (*Hof*). » — Faux : 1° « cœur » pour « milieu » constitue un idiotisme sémitique (as. *libbu*, héb. לֵב) ; 2° la valeur *śag* du signe LIB vient de סוּג, « enclore » ; c'est aussi le sens de לבב, לפף, et de l'assyrien *labû* (D. A. H. W. B, 368 *b*).

226. « Še, ŠE, *śeu*, « blé » (*Getreide*). » — Faux : le mot existe dans la langue de Ya'di sous la forme féminine שאה (= שאת), ce qui met hors de doute qu'il n'est pas emprunté à l'assyrien.

227. « Šin, VD-KA-BAR, *śinnu*, « cuivre » (*Kupfer oder Bronze*). » — Faux : 1° *śinnu* vient de שנן, « aiguiser, faire briller », et *sin* en est la copie essentielle ; 2° (VD)-KA-BAR (= *za-bar*) répercute le synonyme assyrien *siparu* ; il a donc des Sémites pour auteurs.

228. « Šukkal, LVH, *sukhallu*, *sukallu*, « ministre plénipotentiaire » (*Bevollmächtigter*). » L. ajoute : « Dans *hallu* il y a apparemment le sumérien *gal*, « grand ». — Faux : 1° *sukallu* découle de la racine סכל, correspondant à l'hébreu סָכָל, mais possédant toutes les significations de נַעַר, « jeune, serviteur, jeune guerrier attaché au chef » ; 2° jamais *kal* ne se confond avec GAL ; 3° pour ce qui concerne LVH, dont la lecture simultanée LAH atteste l'origine assyro-sémitique, le type modèle demeure encore incertain.

229. « Šuluh, SV-LVH-HÁ, *śuluhhu*, « aspersion » (*Besprengung*). » — Inutile de perdre un mot sur l'analyse fantaisiste : *šv* (particule verbale imaginaire) + LVH, « pur » ; l'auteur lui-même rappelle l'assyrien *salâhu*, « asperger ». L'idée réside aussi au fond de l'hébreu סלח, « pardonner », par suite de l'aspersion purificatoire.

230. « Șih = *śahû*, « porc, cochon » (*Schwein*). » —

Faux : 1° *šahû* ressort dn verbe *šahû*, « patauger dans la vase » (Delitzsch); cf. héb. מְחִי, « ordures », et מָחָה, « enlever les ordures, la poussière, etc. »; 2° ṣɪн indique l'existence d'un synonyme *sihu* ou *sihtu*, qui, grâce au *ṣ* initial, s'annonce comme de provenance sémitique; 3° cf., au surplus, l'hébreu שָׂחָה, « nager », qui appartient à la même famille.

231. « Ug, ʋɴ, *uqu*, « peuple, foule serrée ». — Faux : *uqu* ressort de la racine עוּק, « serrer ».

232. « Umun, ʋ, ʋ-мʋ-ʋɴ, *umunnu*, « sang » (? *Blut*). » — Faux : 1° l'abréviation extrême ʋ pour *umunnu* porte le cachet d'idéographisme; la racine exacte du mot assyrien est encore à établir.

233. « Uruḍu, ʋRʋDʋ, *êru*. » — Faux : voyez n° 126.

234. « Usi, esi, ɪs-кɑʟ, *ušû*, *ešû*, « bois dur, fort; pierre dure, forte, dolérite » (*Ebenholz*; *dolerit*). » — Faux : la variété vocalique du mot en atteste, au-dessus du doute, l'origine sémitique.

235. « Uš, ʋš, *uššû*, « base, fondement ». — Faux : 1° le sémitisme en est prouvé par une série de formes arabes : *iss*, *assâs*, « base, fondement »; *assasa*, « fonder, établir »; *ta'sis*, « fondation, établissement »; 2° en assyrien même *uššisma êpuš* ne peut signifier que : « (la tour du temple, en l'honneur du dieu Sin) je l'ai établie (sur sa base) et ḟaite ». La prétention de traduire *uššis* par « demeurer » (*wohnen*, L.) se heurte à la construction de la phrase qui, dans ce cas, devrait être *êpušma uššiš*.

236. « Ušbar (*amel*), ʋš-ʙɑR, *išparu*, « tisserand » (*Weber*). » Faux : le féminin *išbartu*, « tisserande », confirme le sémitisme du mot assyrien.

237. « Utug, ʋтʋɢ, *utukku*, « un démon » (*ein Dämon*). » — Faux : le sémitisme possède toute une série de racines apparentées : וחק, עתק, עדג, חדג, qui peuvent convenir. On connaît l'usage fréquent du verbe *etiqu* en assyrien.

238. « Zabar, ʋD-кɑ-ʙɑR, *siparu*, « cuivre ». — Voir n° 227.

239. « Zib, ZIG, ZAG-GAB, *sippu*, « seuil » (*Schwelle*). »
M. L. fait cette réflexion : « Si nous avons ici un mot réellement emprunté, celui-ci doit être tiré de l'Émêsal, mais ceci
est fort peu sûr surtout à cause de l'hébreu *saph*, סַף, « seuil »,
qui, dans ce cas, viendrait de l'assyrien (*Wenn wir hier wirk-
lich ein Lehnwort haben, so muss es aus dem Emesal entlehnt
sein. Es ist aber, besonders wegen des hebräischen* SAPH,
« *Schwelle* », *welches falls* SIPPU *aus dem sumerischen stammt,
seinerseits assyrisches Lehnwort sein müsste, sehr unsicher*). »
— Faux : 1° le signe qui se lit SIG et ZIB équivaut à *šimtu*,
mot dont le sens de « seuil » est plus que douteux ; 2° ZAG-GAB
(glosé *du*) signifiant « côté + ouverture », se caractérise
comme un idéogramme ; 3° le sémitisme de *sippu* est garanti par
le verbe hébreu הִסְתּוֹפֵף, « rester sur le seuil de la porte »,
qui a échappé aux suméro-émesalistes

240. « Zu, IS-ZV, *zû*, « argile, tablette d'argile ». — Faux :
1° *zû*, dans les passages cités par Delitzsch, signifie « fumier,
excréments » (*Mist, Exkremente*) ; c'est donc un dérivé de
zuwu = ṣû (? héb. צֵאָה) ; 2° IS-ZV pourrait être tout autre
chose qu'une tablette dont l'idéogramme est DVP.

Comme la série précédente, cette seconde série de 134 phonèmes se divise en monosyllabes et en polysyllabes. L. n'ose
pas affirmer leur origine sumérienne, il se contente de soulever
des doutes contre leur sémitisme et donner ainsi à ses recher-
ches une apparence d'impartialité de bon aloi. Quand on
regarde de près, l'illusion s'évanouit aussitôt, car on ne tarde
pas à s'apercevoir qu'à l'exception d'un petit nombre infime, le
sumérisme a sa préférence, même lorsqu'il ne fournit pas le
moindre éclaircissement ; sa sévérité critique est réservée au
sémitisme seul. Le procédé est édifiant à plus d'un point de
vue. On s'en convaincra bientôt.

De la série des idéogrammes monosyllabiques, L. en cite
21 seulement : *ar*, *ur* (152), « ennemi » ; *bal* (154), « insigne
de royauté » ; *bur* (159), « récipient, vase » ; *gar* (174),
« manche » ; *gug* (180), « une sorte de farine » ; *gur* (182),
« cor » ; *ig* (188), « porte » ; *kam* (194), « document » ; *kar*
(196), « rempart, mur » ; *kû* (207), « vêtement » ; *lil* (211),

« un démon » ; *maš* (213), « jumeau » ; *mes* (215), « un arbre » ; *sur* (224), « prêtre » ; *še* (226), « blé » ; *šin* (227), « cuivre, bronze » ; *ṣih* (230), « porc » ; *ug* (231), « peuple » ; *uš* (235), « base, fondement » ; *zu* (240), « argile ». L. reconnaît la possibilité qu'ils soient sémitiques, mais il a perdu de vue que les signes appropriés aux syllabes *bal, ig, ku, lil, maš, šah* (*ṣih*) *še*, font partie intégrante du syllabaire cunéiforme. Malgré ses réticences, le sumériste avoue donc au fond que sept vocables sémitiques y ont *pu* former des éléments consécutifs. Par cela seul, le système allophyle s'écroule de fond en comble. D'abord, les Sémites deviennent éventuellement les contemporains des Sumériens avant l'invention de l'écriture en Babylonie ; ensuite, au lieu d'avoir emprunté une écriture toute faite, ils peuvent y avoir une part de leur capital linguistique. Comme ce capital ne devait pas se borner à la prestation de ces 21 mots, on peut supposer qu'à l'époque illettrée les Sumériens, s'ils ont existé, parlaient déjà une langue mêlée de sémitismes. Le *sumérien pur* peut donc avoir déjà été un *desideratum de philologues* dès cette époque archi-patriarcale. M. L. se rapproche ainsi assez sensiblement de nous, il est vrai sans s'en apercevoir et surtout sans le vouloir. Nous l'observons avec plaisir.

Par contre, nous ne pouvons cacher notre étonnement de voir que, étant en bonne voie relativement, il ait évité (l'oubli étant impossible) de faire entrer, dans son registre de mots plus ou moins sûrement empruntés par les Sémites aux « Sumériens », la longue liste de monosyllabes cunéiformes de première nécessité qui concordent encore plus parfaitement dans les deux (?) idiomes, et pour le son, et pour la signification. Des accords tels que *dan = dannu, dun = dunnu, gan = ganatu, el = ellu, il = ilu, šaq = šaqû, rig = riggu, šal = salatu, al = allu, hab = hapû, kil = kilû*, etc., etc., valaient la peine d'être examinés très sérieusement. Si ces mots assyriens sont des emprunts d'une langue étrangère, tous les principes des racines sémitiques doivent être réformés et envisagés à un point de vue nouveau. On ne dira pas que cette masse de mots identiques est due au hasard ; dans ce cas-là, la conception d'emprunts mutuels entre les deux idiomes s'évanouirait en fumée, et l'étude de M. L. n'aurait plus aucun but. Quand on poursuit une idée, on doit aborder directement les problèmes les plus essentiels. Les côtoyer sans y toucher pour s'occuper de questions secondaires dont le résultat peut attendre, c'est une petite habileté digne d'un avocat peu convaincu de la justesse de sa cause.

De la division polysyllabique, il convient de détacher d'abord la série des phonèmes simples qui sont au nombre de 26 : abul = *abullu* (137), adê = *adû* (138), aga = *agû* (139), agar = *ugaru* (140), agargar = *agargarû* (141), agarin = *agarinnu* (142), age = *agû* (143), ala = *alû* (145), alal = *alallu, elallu* (146), andul = *andullu* (148), *apin* = *epinnu* (150), azalag = *ašlaku* (153), barsig, barsi = *parsigu, parsigu* (155), *duši* = *dušu* (167), edin = *edinu* (168), guza = *kussû* (183), halba = *halpû* (185), igisa = *igisû* (190), išib = *išippu* (192), kišib = *kišibbu* (206), lagar = *lagaru* (209), lahan = *lahannu* (210), *mammi* = *mammû* (212), melam = *melammu* (214), *nanga* = *nagû* (217), usu, esi = *ušû, ešû* (232), utuk = *utukku* (237). Ces 26 phonèmes, n'étant pas le produit d'une composition, devraient donc être regardés comme des racines bilitères et trilitères primitives. Or, cette supposition est contredite par le fait établi depuis longtemps que le « sumérien » est une langue (?) foncièrement monosyllabique, à telle enseigne que M. Amiaud, l'un des plus savants défenseurs de la thèse que je combats, acculé aux derniers expédients en présence d'innombrables éléments polysyllabiques auxquels son savoir et sa conscieuce ne permettaient pas de contester le caractère sémitique, crut pouvoir sauver l'existence du peuple allophyle en Babylonie au moyen des deux affirmations suivantes.

1° Le sumérien appartient à la catégorie des langues monosyllabiques et opère la distinction des monosyllabes homophones au moyen d'une gamme d'intonations de diverses natures, ainsi que le chinois d'aujourd'hui ;

2° Le sumérien de la littérature parvenue jusqu'à nous ressemble en quelque sorte au latin du moyen âge dénommé ironiquement « latin des moines », ou, avec plus de mordant, « latin de cuisine ».

Le regretté savant n'a pas vécu assez pour voir l'écroulement définitif de ses ingénieux subterfuges. Les découvertes de nouveaux syllabaires et de textes de la première période qui ont suivi confirmèrent la justesse de ma réponse, à savoir : 1° que les syllabes homophones sont hors de proportion avec le nombre exigu des intonations imaginables ; 2° que les textes les plus archaïques montrent une pénétration sémitique tout aussi profonde que celle des textes postérieurs de la même catégorie, phénomène qui explique comment les scribes babyloniens de la dernière époque, notamment du règne de Nabonide, ont pu comprendre le contenu d'inscriptions qui remontaient à des milliers d'années auparavant. L'immuabilité du style « sumérien » a obligé les suméristes postérieurs à reculer la prétendue activité allophyle à l'époque préhistorique qui échappe à tout contrôle, tandis que la qualification de « sumérien de moines » sert encore aujourd'hui pour excuser l'apparition de centaines de sémitismes tangibles qui se manifestent dans tous les monuments littéraires sans différence de date ; ils ne voient pas, ou, pour parler plus exactement, ils ne veulent pas avouer que la phonétique du syllabaire même porte au front le stigmate de « sumérien de cuisine ».

LA PRÉTENDUE SCISSION DIALECTALE EN SUMÉRIEN

Les partisans de la thèse allophyle distinguent deux dialectes sumériens marqués surtout par le fait que le phonème pour « dieu » se dit, dans l'un, *dingir*, dans l'autre *dimmer ;* le premier est le sumérien habituel, le second est désigné par *emesal.* M. Leander préfère *emeku* et *emesal ;* accordons-lui cette satisfaction qui ne tire pas à conséquence. La découverte de l'emesal fit grand bruit dans le camp des adversaires qui criaient : « Victoire ! ». Leur joie fut de courte durée. Je n'eus pas grand'peine à prouver que les variantes, au lieu d'être le résultat de mutations phonétiques réglées par la loi de Grimm, représentaient des amorces de racines synonymes tirées également de l'assyrien. J'y reviendrai plus bas. En ce lieu, je tiens à faire connaître à mes lecteurs un nouveau dialecte « sumérien » que M. Leander croit avoir dégagé du chaos graphique des scribes babyloniens et qu'il appelle *néo-emeku*. Je vous ad-mire, ô scribes divins! Sublimes piqueurs de syllabes préhis-toriques, je vous rends hommage le front dans la poussière! Je m'imaginais que vous aviez déjà une besogne surhumaine à accomplir en notant des milliers de mots étrangers et à les en-tourer d'un *demi-million* de gloses[1], afin d'en fixer la lecture sans le moindre secours de documents écrits ; je savais, de plus, que, par un effort surhumain, vous avez réussi à nous conserver les deux dialectes de cette langue primordiale par une noble gratitude envers ceux (hélas! trop tôt disparus) qui vous initièrent à la vie civilisée. Mais votre amour de la philo-logie a laissé en arrière ma pauvre imagination d'homme mo-derne. Sagaces et infatigables dans votre vocation, vous nous avez donné tous les renseignements nécessaires sur un troisième dialecte du divin *emeku*, que les dieux seuls étaient dignes de connaître. Révélateurs de mystères insondables, votre servi-teur vous acclame!

Passons à la prose. Dès l'an 1874, j'ai remarqué la mobi-lité des lettres finales des syllabes qui figurent sur la première colonne des syllabaires, et j'en ai conclu que ce n'étaient pas des mots d'une langue comme on l'admettait, mais des indices de lecture. Je transcris le passage entier qui n'est pas long :

« Enfin, voici un phénomène d'une importance de premier ordre. S'il y a un fait trois fois certain, c'est bien celui qui est relatif au caractère immuable des radicaux accadiens (= sumériens). Ces radicaux, fixés à tout jamais dans leur forme primitive, ne subissent ni accroissement de voyelles paragogi-ques, ni la moindre modification dans leurs éléments conso-nantiques. Or, en comparant avec quelque attention les sylla-baires d'Assourbanipal, on aperçoit un nombre considé-rable de variantes dans la première colonne, qu'on nous dit renfermer des mots accadiens. On a ainsi, par exemple, *dar* et *dara*, *mara* et *mar*, *kal* et *kala*, *zalli* et *zal*, *bara* et *bar*, *sara* et *sar*, *idu* et *itu*, etc., etc. Encore plus décisives sont les formes doubles que prennent plusieurs valeurs phonétiques, et

---

1. Cette estimation appartient à M. Jules Oppert.

dont l'une se montre comme une simple abréviation de l'autre. Comparez entre tant d'autres les signes suivants : *mak*[1], *ma; mal, ma; qum, qu; sem, se; pada, pa; ner, ne; num, nu*, etc. Toutes ces formes diverses, inconciliables avec la nature d'une langue originelle, mais tranchant tout à fait sur l'immutabilité absolue de l'accadien, ne peuvent donc pas constituer des vocables pleins et entiers; elles représentent forcément la transcription plus ou moins analytique et complète des lectures propres au signe occupant la deuxième colonne. »

Ainsi comprises, les syllabes sumériennes perdent tout ombre de mystère. Ce sont des phonèmes de même lecture ou des noms de signes, comparables à ceux de nos lettres de l'alphabet *a, bé, cé, dé, é, effe*, etc. Telles que nous les employons, elles ne font partie d'aucune langue et ne sont que des moyens factices pour indiquer l'idée de certaines consonnes et de certaines voyelles *a, b, c, d, e, f*, etc. Ces indices morts et mécaniques doivent leur nullité linguistique aux pertes qu'ils ont subies de la partie finale de leurs consonnes primitives. Il faut les restituer sous la forme ancienne *alpha, bêta, gamla, delta, hetha, waw*, etc., pour qu'ils reprennent la vie et se laissent ranger dans la famille des mots qui constituent l'idiome des inventeurs de l'alphabet, à savoir l'idiome des Phéniciens. On ne saurait imaginer une vérité plus simple et plus frappante, et je l'ai répétée à qui veut l'entendre au long cours de mes études sur le « sumérien ». « Eh bien ! le jeune avocat du camp conservateur n'en a pas la moindre connaissance. Candidement, il prend les syllabes exsangues à force de mutilation pour un dialecte *emekuïque* méconnu par tous ses prédécesseurs, y compris ses maîtres et les savants babyloniens (*die gelehrtent Babylonier*) eux-mêmes ! Il écrit sans sourciller :

« On a pourtant (*nämlich*) à distinguer, dans l'intérieur de l'Emeku, deux dialectes qui ont été toutefois confondus par les auteurs des textes et des syllabaires qui nous ont été transmis. L'explication de cette confusion qui étonne en face de la limitation tranchée de l'Emesal, il faut manifestement la chercher dans cette circonstance que les deux dialectes de l'Emeku ont

---

1. Cette valeur n'est pas encore vérifiée.

été parlés dans la même contrée, ou peut-être par la même couche de populations, c'est-à-dire en se succédant l'un à l'autre dans le temps (*also zeitlicht auf einander folgend*) ; c'est pourquoi ils se posaient devant les savants babyloniens comme une entité entière (*als ein ganzes vorlagen*), ne sachant pas faire la distinction convenable entre les stades plus anciens et les stades plus jeunes. Une pareille supposition trouve une excellente analogie dans l'expérience qu'un commençant qui a appris superficiellement les stades de développement d'une langue par le seul emploi du dictionnaire, les intervertit d'une manière désordonnée dans ses travaux. »

Ainsi, pendant le premier stade, *les savants babyloniens* se sont léché les doigts, tout charmés par la divine harmonie *emekuïque*. Le calam chômait ; c'est le stade d'or.

Au second stade, les trilles se multiplient pour remplacer les syllabes perdues. L'harmonie néo-emekuïque fascine encore les savants babyloniens, mais le calam ne chôme plus. Imparfaitement sortis de leur inertie à la fin du stade, ils rappellent leurs souvenirs, mais hélas ! l'enténèbrement causé par la pâmoison prolongée leur enlève la précieuse faculté de discernement qui ornait leur talent, et les deux emekus sont honteusement mêlés ensemble au gré d'une imagination qui a perdu la boussole. C'est le stade d'argent.

Il faut dire, pour être juste, que les savants babyloniens, sentant les bourdes commises par distraction, prirent mieux leurs précautions au troisième stade de l'harmonie enchanteresse, lorsque le néo-emeku, remaniant certaines gammes consonantiques, se changea en *Emesal*. De celui-ci, ils n'ont pas laissé échapper un iota ; tout a été soigneusement classé. C'est le stade de fer avec ses peines infinies !

Joli coin d'histoire littéraire préhistorique !

Nous ne sommes pas au bout. Peut-on tracer une loi ayant motivé la chute des consonnes finales dans le néo-emeku ? M. L. désespère de la découvrir et ses excuses nous valent de nouveaux renseignements.

« Après l'accomplissement (*Durchführung*) de la mutation (*des Lautwandels*) affectant la forme, naturellement, celle qui est privée d'augment et de suffixe, il devait coexister, pendant un certain temps, deux formes du même mot : l'une sans suffixe et aussi sans consonne finale, l'autre avec suffixe et consonne finale conservée. On peut supposer, en conséquence, que beaucoup de mots, notamment ceux qui apparaissaient sous la dernière forme, ont fait réintégrer la consonne finale, pendant que ceux dont la forme sans suffixe était plus usitée, l'ont perdue tout à fait. De cette manière fut peut-être effacée pour nous à tout jamais la loi en question dans toute son étendue (*Auf diese Weise ist für uns vielleicht das in Frage stehende Gesetz seinem ursprünglichen Umfange nach für immer verwischt worden*). »

Un nouveau jour éclaire maintenant la période intermédiaire entre les deux emekus, période caractérisée par l'abstention subite de tous les Sumériens de la Babylonie (et de pays limitrophes ?) de faire usage des voyelles de prolongation et des suffixes de leur langue nationale. Cette abstention en masse, ne pouvant être spontanée, doit être attribuée forcément à une entente générale et longuement préméditée. Un véritable attentat contre la linguistique dans la préhistoire nébuleuse, dont M. Leander a malheureusement oublié de déterminer la durée exacte !

Elle doit en tout cas comprendre un temps considérable afin d'effectuer la chute de toutes les consonnes finales des mots sumériens. Le français a mis plus de dix siècles pour opérer une besogne analogue, et ne l'a pas encore achevée. Mettons, par déférence, un siècle pour le sumérien. Or, un peuple qui cesse de faire usage pendant cent ans d'une langue à racines ultimo-consonantiques sans addition quelconque, se trouve très bien de son état et n'a aucune envie de revenir à un état de langue moins harmonieux et plus encombrant. Et si, par suite d'un coup de tête déraisonnable, il tient à reprendre ses anciennes habitudes, et je parle d'un peuple qui n'écrit pas, il y a cent chances contre une que les neuf dixièmes de son ancien répertoire suffixal seront remplacés par de nouvelles formes et prendront des tournures et des significations qu'elles n'avaient pas auparavant. Sur ces deux points qu'il a passés sous silence, nous serions curieux d'avoir l'avis de M. Leander et de ses inspirateurs.

Pour terminer, j'ai le plaisir d'annoncer que le savant sumériste avait entre les mains une autre découverte encore, qu'il a laissée de côté probablement par une simple inadvertance, mais qu'il peut légitimement revendiquer comme lui appartenant de droit. La note de la page 45 dit ceci : « Dans l'Emesal, il se présente souvent des formes coexistantes tantôt avec des consonnes finales, tantôt sans elles. Par exemple : *işu* = mis, mu ; *makkuru* = mungar, munga ; *salâlu* = gam, ga. » D'après la méthode de M. L., ce seraient les indices certains d'une variété dialectale. Il y a donc, en réalité, quatre dialectes sumériens : paléo-emeku, néo-emeku, paléo-emesal, néo-emesal. Antisuméristes, voyez et croyez !

Disons cependant que, si ces mécréants sont rejetés de la grâce, ils voient assez clairement que M. L. a oublié de leur expliquer à quoi servait toute cette conservation méticuleuse des formes dialectales que les scribes sémitiques auraient accomplies au moyen d'efforts surhumains, ni pourquoi, philologues merveilleux en ce qui concerne les dialectes de la langue étrangère du Šumer, ils ont entièrement négligé de gloser les variétés provinciales de leur propre langue, qui devaient pourtant avoir pour eux une importance pratique de premier ordre. Dans le silence opiniâtre sur le mobile dynamique de tant de branle-bas improductif, les antisuméristes trouvent un solide appoint à leur thèse qui met tous les raffinements artificiels sur le compte de l'idéographisme sémitique lequel, à cause de son énorme antiquité, devint inséparable de la littérature et fut regardé comme une sorte d'idiome savant que tous ceux qui s'occupaient de littérature ne pouvaient ignorer. Les prêtres et les scribes l'ont même traité comme une langue sacrée qu'ils parlaient entre eux à côté de la langue profane et populaire. A cause de son prestige, ce parler artificiel a reçu le soin le plus minutieux de leur part et a pu se développer de diverses manières dans les grands centres où il fût cultivé. Les gloses, englobant les diversités, répercutaient ce travail linguistique *sui generis* pendant des milliers d'années et ne s'arrêtèrent qu'à la disparition des institutions religieuses qui lui avaient donné le jour. Aussi est-il avéré que les rédactions des époques récentes font usage de nombreuses superfétations sans utilité pour le sens de la phrase, dont les tournures et l'allure syntaxique ne cessent cependant jamais d'être foncièrement babylono-sémitiques. Toutefois, quel que soit le soin méticuleux que les scribes aient voué à cet idiome idéographique, la vraie langue populaire en a été fort peu influencée, et les quelques emprunts qu'on pourrait y constater ne prouvent nullement l'existence d'un élément allophyle en Babylonie.

Les points discutés jusqu'ici intéressent le « sumérien » seul; il sera utile d'attirer de nouveau l'attention sur deux phénomènes qui sont communs à l'idiome sémitique et au prétendu « sumérien ». J'en ai plusieurs fois traité dans mes études antérieures, mais, comme M. Leander l'ignore et relève l'un de ces phonèmes comme une inspiration reçue de M. Jensen, il importe de rétablir l'état exact de ces problèmes, en indiquant la date à laquelle je les ai signalés parmi d'autres preuves du même genre détruisant le caractère de langue naturelle du sumérien. Écoutons M. Leander.

« Une autre loi qui a profondément pénétré dans l'histoire phonétique sumérienne est la fréquente apparition du fait que les consonnes aphones deviennent sonores (*das häufig eintretenstimmhaftwerden stimmloser Konsonnanten*). Ce phénomène phonique (*Lauterscheinung*), sur lequel je reviendrai plusieurs fois au chapitre IV, le sumérien le possède en commun avec le dialecte babylonien de l'assyrien, et il est, par conséquent, à supposer qu'il a été mené au bout en partie dans les deux langues. A regret, le rapport temporel de ce déplacement phonique (*Lautverschiebung*) avec la chute des consonnes finales en sumérien ne peut pas se déterminer. Mais le fait que cette mutation a eu lieu avant le décès (*das Aussterben*) de la langue sumérienne et ne tombe pas seulement dans l'époque où le sumérien fut cultivé par les prêtres babyloniens, cela semble ressortir de cette circonstance que certains mots empruntés par les Assyriens, mots au sujet desquels on n'a pas de motif pour admettre un emprunt littéraire, ont déjà subi (*mitgemacht*) la mutation sonore (*das Stimmhaftwerden mitgemacht haben*). »

Je vais maintenant citer en abrégé ce que j'ai écrit à ce propos en 1874 (paru en 1876) :

« Une des particularités les plus remarquables du syllabaire

cunéiforme (= le sumérien primitif), est sans contredit la re-
présentation de lettres similaires par un signe unique : *d* et *t*,
z et *ṣ*, surtout à la fin des syllabes : *ab* et *ap; ag, ak, aq; ad,
at, aṭ; az, as, aṣ; uz, us, uṣ*, et ainsi de suite. Toute distinction de consonnes similaires cesse dans la plupart des syllabes
composées à voyelle médiane : *gan, kan, qan; dab, dap, tab,
tap, ṭab, ṭap; ban, bam, pan, pam; gan, gam, kam*, etc. »

Et plus loin :

« Au lieu du flagrant désaccord qui apparaît entre la langue
et l'écriture dans l'hypothèse d'une origine non sémitique, la
meilleure harmonie s'établit dès qu'on part de l'idée que
l'écriture cunéiforme a eu pour auteurs des Sémites et notamment des Assyro-Babyloniens.

« D'abord, dans les mots sémitiques, le défaut de distinction
d'une et quelquefois même de deux lettres radicales, ne produit
pas toujours un notable changement dans la signification. Pour
l'hébreu, les mots עלז, עלם, עלץ offrent chacun l'idée de « se
réjouir »; les formes לבד, לבט, לפת, comprennent toutes
trois le sens de « envelopper ». Il n'éprouve pas non plus d'em-
barras en présence de racines similaires שחק et צחק ; סגר
et סכר ; סחב et סחף ; פרץ . פרז et ברץ.

« L'assyrien fait usage de la même liberté. Il dit, sans crainte
de causer des méprises, *rapâsu* et *rabâsu*, *zahâru* et *ṣahâru*.
Il emploie indifféremment *gaggaru* pour *qaqqaru*, *iškul* pour
išqul, *margas* pour *markas*. Il dit même *ṣiṣildu* pour *ṣiṣiltu*,
bien que le *t* soit l'indice du féminin. Quant à la confusion
éventuelle de *m* et *n*, elle est constatée depuis longtemps en assyrien. Exemples : *hanša* pour *hamša*, *šanšu* pour *šamšu*,
dunqu pour *dumqu*, *munambû* pour *munanbû*. Les inventeurs
de l'écriture cunéiforme ont donc profité de la disposition de
leur idiome national pour rendre le syllabaire moins chargé de
signes, et par conséquent relativement plus pratique. »

Je suis revenu sur le même sujet en 1882 (*Documents religieux de l'Assyrie et de la Babylonie*, p. 116-117). Après
avoir relevé que les consonnes terminales des mots démotiques
(= populaires assyro-babyloniens) *k, q, g, h, '* (= א) peuvent
être représentées uniquement par *g* (*sag-ga, tig-ga, zig-ga,*

a-za-lag-ga, *ri(g)-ga*, *se(g)-ga* de *tikku*, *šaqû*, *ašlaku*, *rihû*, *šê'u*, j'ai ajouté qu'un scribe assyrien seul pouvait savoir que des syllabes ouvertes telles que *zi*, *ri*, *šâ*, cachent une consonne finale. Puis, j'ai insisté sur les autres parcimonies analogues dans les autres classes de consonnes (*ab-ba* de *apu*, *ma-da* de *mâtu*, *gu-za* de *kussû*, etc.). Peu après, tout le monde s'aperçut qu'en babylonien l'emploi des consonnes douces au lieu des consonnes dures constituait une particularité dialectale, et de ce coup le sémitisme de la mutation en cause fut mis hors de doute. M. Leander vient donc trente ans trop tard pour faire la découverte que la préférence pour les lettres douces affecte en même temps le babylonien et le sumérien, et trouve même très naturel que les deux langues, si différentes l'une de l'autre à tous les rapports, soient tombées d'accord sur toute une série de lois de permutations qui, en partie, sont constitutives dans les langues sémitiques, en partie d'un emploi très fréquent. En m'abstenant d'insister à nouveau sur l'absurdité colossale d'une pareille affirmation, je ne puis m'empêcher de déplorer la nécessité fatale qui m'est imposée d'avoir toujours affaire à des adversaires qui, ne connaissant pas suffisamment l'état de la question, ont besoin d'être constamment renseignés sur des sujets vidés avec leurs prédécesseurs. Les fondateurs du sumérisme et ses principaux propagateurs en Allemagne et en Amérique, qui sont seuls responsables de la fausse doctrine qui enténèbre le cerveau de la jeunesse inexpérimentée, ceux-là restent immobiles sur leurs cathèdres universitaires et ne desserrent pas les dents. Ils préfèrent combattre par délégation : leur amour-propre, à défaut d'un vif sentiment du devoir, les empêche de risquer leurs précieuses personnes dans une lutte qui, selon toute apparence, peut devenir assez dangereuse.